Seelenbuch Verlag

Seelenbuch Verlag

Danksagung

Der Seele sei Dank!

Bettina Gronow

WÖRTER DER SEELE

Finde deinen Glauben in dir

Seelenbuch Verlag

© von Anbeginn bis 2024 ~ Seelenbuch Verlag

Herausgeberin	Bettina Gronow
Autorin	Bettina Gronow
Covergestaltung	Nathalie Geiger
Coverbild	Canva.com
Layout & Satz	Nathalie Geiger
Autorenfoto	Detlef Postler
Korrektorat	KorrA – Kerstin Thieme
Druck	Libri Plureos GmbH, Friedensallee 273, 22763 Hamburg

2. Auflage

ISBN: 978-3-910337-46-6

All meinem Wirken und Sein gebe ich die Zutaten
der Liebe,
der Schönheit,
der Vollkommenheit und
der Vollendung hinzu.

BoD kümmert sich nach bestem Wissen und Gewissen darum,
dass dieses Buch zu dir gelangt. Viele pflichtbewusste Aufgaben
liegen in den Händen von BoD. Besten Dank dafür!

Natürlich befindet sich dieses Buch auch in der
Deutschen Bibliothek und wird dort für die Nachwelt aufbewahrt.
Hier wirst du fündig: https://www.dnb.de

Inhalt

Tu uns gut

Herr,
lass uns mit dir verbunden sein,
hören deine Worte,
begreifen deine Taten.

Lass uns gemeinsam den Glauben ergründen
und fühlen, dass er lebendig ist.
Lass uns Menschen zueinanderfinden,
um uns gemeinsam zu lieben.

Herr,
lass uns hinter die Fassade blicken
und so unsere Seele erkennen.

Herr,
sei uns eine Stütze ein Leben lang.

Amen.

1. Arbeit am Selbst

Ein Projekt für dein Leben,
für deine Ewigkeit.

Wohl das wichtigste Projekt, das es für dich gibt,
auch wenn die Bezahlung nicht prompt erfolgt.
Ein Projekt, welches du vielleicht gerne
vor dir hin und her schiebst,
davonschiebst, wegwischst, abtust.

Doch es bleibt.
Erst ruhig im Hintergrund,
und wenn es von dir nicht gehört wird,
dann laut auf deiner lebendigen Bühne.

Somit.
Finde die Menschen,
die dich auf deinem Weg unterstützen.

Die dir Wichtiges sagen,
all das, was für dich bestimmt ist,
sodass du verstehst
und die Arbeit an deinem Selbst weitergeht.

Herr,

gib mir Hoffnung
für meine Absichten,
für mein Leben,
für meine Ewigkeit.

Gib mir Kraft
für das Wichtigste meiner Projekte.

Gib mir Ausdauer,
denn die Bezahlung ist nicht gleich gewiss.

Gib mir den Willen,
dass ich meine Pläne nicht vor mir herschiebe,
schon gar nicht wegschiebe.

Gib mir den Mut,
dass ich mich leiten und führen lasse
von deinen Wellen des Lebens.

Gib mir die Weisheit,
dass ich mich nicht zu oft vertue,
nicht zu oft einen falschen Weg wähle.

Amen.

2. Urlaub

Erlaube dir, Zeit für dich zu nehmen.

Zeit für Menschen,
für die Dinge um dich herum.

Zeit für die Gegenwart,
Zeit für deinen Körper, für deinen Enthusiasmus.

Erlaube dir, dir etwas zu gönnen,
dir etwas Gutes zu tun,
ohne dass sich dein Verstand dazwischenschaltet.

Denn Urlaub heißt:

Zeit für das Wesentliche,
für deinen Lebensplan,
für deine Ideen,
Zeit für deine Zukunft,
Zeit für die Schönheit der Natur,
Zeit, um dich zu öffnen und dich selbst zu sehen.

Herr,

bitte nimm von mir
all das, was sich angesammelt hat,
nimm, was nicht zu mir gehört.

Entschleunige mich,
nimm meinen Stress von meinen Schultern.
Entleere meinen Kopf,
meinen Verstand,
entferne meine Zwänge.

Entfessle meine Gedanken,
leg sie frei,
und lass mich sie ordnen.

Amen.

3. Darstellung

Du stellst dich dar,
eine Darstellung,
doch für wen oder was?

Was ist dein Ziel,
wer ist dein innerer Motor?

Weißt du es?

Ist das alles mit Sinn gefüllt,
mit der Liebe fürs Leben?

Musst du das alles haben?
Dem Ansprung gerecht werden?
Solltest du dir diese Fragen stellen?

Oder einfach nur deiner Intuition folgen,
fühlen und folgen?

O Herr,

bitte, ich möchte mehr sein als nur meine Hülle,
die ich jeden Tag mit sehr vielen Dingen befülle,
mit Dingen, die nicht wirklich wichtig sind.

O Herr,

bitte, ich möchte mehr sein
als der Stoff an meiner Haut,
mehr als die Farbe in meinem Gesicht.

O Herr,

bitte,
ich möchte mehr sein als nur leere Wörter,
die ich höre
und so wiedergebe, wie sie zu mir gekommen sind.

Amen.

4. Sichtweisen

Deine Sicht der Dinge,
deine Sicht auf die Menschen
erzeugt
die Sicht der Menschen auf dich.

Ist es ein und dieselbe Sicht?

Nein, sicher nicht.
Nein, du glaubst nicht,
wie groß die Unterschiede sein können
und oft sind.

Spannend ist es, all diese zu erkennen,
sich die Sichtweisen erzählen zu lassen,
zuzuhören,
hinzuhören,
Fragen zu stellen.

So siehst du dich bestimmt
in einem anderen Licht,
einem Licht, welches du so
nie gesehen hättest.

Ich danke und bete zu dir,
bete zu dir, denn meine Sicht
ist unklar, ist verschwommen
von all den Sichtweisen,
die sich in mir angesammelt haben.

Eine Sicht, die unrein geworden ist,
da zu viele Einflüsse sie trübe haben werden lassen.

Eine Sicht, die mir so nicht gefällt,
so nicht zu mir passt,
so auch nicht von mir gelebt werden will.

Ich danke und ich bete zu dir,
lass meine Sicht sich wieder klären,
rein werden.

Amen.

5. Fortschritte

Ein Schritt nach dem anderen,
Fortschritt,
immer weiter, immer weiter
ohne Pause, ohne Unterlass.

Es geht voran,
es ist doch auch noch so viel zu tun.

So viele Pläne,
so viel Ungesagtes,
so viel Ungedachtes,
so viel zu tun.

Aber der Fortschritt ist sichtbar,
spürbar,
fühlbar,
und vor allem eins:

da!

Herr,

ich will Fortschritt und will ihn auch nicht.

Will ihn nicht,
wenn er anderen genau das Gegenteil bringt.

Will ihn nicht,
wenn er auf anderen Schultern ausgetragen wird.

Will ihn nicht,
wenn andere dafür teuer bezahlen müssen.

Will ihn nicht,
wenn wir uns das eigentlich alles nicht leisten können.

Will ihn nicht,
wenn es nur heißen kann, eines Tages ist alles vorbei.

Will ihn nur,
wenn du es für uns willst
und uns begleitest auf unseren Wegen.

Amen.

6. Konzentration

Auf eines,
auf eine Sache,
auf ein Teil,
auf ein Ding,
bis zum letzten Punkt gehen,
durchforsten,
aufdecken,
alles lernen, was es hier zu lernen gibt.

Bis nichts mehr übrig bleibt,
was es zu wissen gibt,
bis alles ergründet und entdeckt ist.

Konzentration auf das Eine,
was das Leben für uns bereithält,
nicht auf die x-te Idee bei Sonnenaufgang.

So doch auf das,
was es lohnt, sich in sein Leben zu holen.

Herr,

die Erde, sie ist so groß, bunt,
vielseitig, abwechslungsreich.

Wie soll da eine Konzentration
nur möglich sein?

Die Konzentration auf einen Menschen,
auf eine Liebe,
nur eine Liebe ein Leben lang?

Eine Konzentration auf einen Beruf,
auf ein Hobby,
auf die Eins eben.

Daher!

Herr,
bitte lass mich erkennen,
das sich hinter der Eins sehr viel Wertvolles verbirgt.

Amen.

7. Liebe

Liebe für uns,
für die Menschen um uns herum,
die Familie,
die Freunde und dann,
dann kommt die Liebe,
bringt uns viele Geschenke,
das Geschenk der Einsicht,
der Nachsicht,
der Fürsorge,
der Wärme und Geborgenheit.

Doch wo ist sie hin,
wer hat uns ihrer beraubt?

Wenn es nur eine Sache wäre,
die du für uns tun könntest,
dann lass es bitte die Liebe sein,
Herr.

Gib sie uns zurück in unsere Herzen,
fülle sie direkt dort hinein,
weil mein Speicher und
der von den Menschen,
die ich kenne, ist leer.

Denn der See der Liebe vertrocknet
und wir können nur noch wenig davon trinken.

Amen.

8. Stress

Stress
ist der Zustand, wo nichts mehr geht!

Wo sich nur noch die Alarmknöpfe drehen,
wo der Verstand versucht zu überleben,
zu ordnen das Chaos,
die Überforderung.

Wo nur ist der Ausweg mitsamt seiner Aussicht?

Die Suche danach ist mühsam,
doch lohnt es sich, die innere Ruhe zu finden,
das ist das Ziel,
mit Beten, Meditieren oder einem anderen Spiel.

Wichtig ist nur:

„Wenn du es eilig hast – gehe langsam",
auch wenn der Verstand es nicht versteht,
ist es doch egal, wer und was sich um uns alles dreht.

Nur mit Abstand,
der inneren Balance
geht es raus aus dem Stress
und deiner inneren Angst.

Herr,

bitte nimm dieses Wort von uns.

Egal, ob es gut oder schlecht gemeint ist.
Bitte nimm es von uns.

Wir sind der Stress, wir sind es,
die dem Stress eine Berechtigung
zum Überleben geben,
Tag für Tag.

Bitte nimm dieses Wort von uns,
lass uns erkennen, dass es hier nicht um Stress geht,
sondern um das Leben, welches wir so gewählt haben.

Welches wir auch wieder verändern können.
Denn nur dein Wort hat für immer Bestand.

Daher,
bitte streiche für uns dieses Wort aus unseren Köpfen,
fülle den frei gewordenen Platz
mit deinem geistlichen Gut.

Amen.

9. Ziele

Weil jeder Ziele hat.

Jeder hat Ziele?!
Ist sich jeder Mensch dessen bewusst?
Auch, wenn es keine riesengroßen,
super vermarktbaren Ziele sind,
hat doch jeder welche?

Es ist ja nirgends beschrieben,
was genau kein Ziel ist,
zum Glück!?

Es gibt Stimmen, die sagen,
wir haben alle das gleiche Ziel.

„Glücklich sein" – pauschal gesehen.
Nur was dies für jeden Einzelnen bedeutet,
das kann für jeden etwas ganz Anderes sein.

Herr,
könnten wir doch bloß sehen.

Beginnen wir mit dir an der Seite zu leben.

Beginnen wir zu sehen, was sich hinter den Zielen verbirgt. Hinter den Zielen, die uns nicht allen weiterhelfen, die uns mehr und mehr gefangen nehmen, uns im Alltag die Luft abschnüren. Luft, die wir nicht mehr haben, weil wir denken, wir müssten alle den Zielen der anderen hinterherlaufen.

Könnten wir doch davon wieder einen gesunden Abstand gewinnen. Dabei können wir doch durch die Brille der Seele ganz klar erkennen, was für uns bestimmt ist.

Sehen, dass wir den Schlüssel schon längst besitzen,
den Schlüssel, der uns glücklich machen könnte.
Kein Ding, kein Gerät von außen kann das bewirken,
was wir in uns selbst tragen.

Doch dazu brauchen wir Menschen deine Stimme. Da wir taub geworden sind für deine Worte, musst du uns wohl anschreien, damit wir dich überhaupt hören können.

Amen.

10. Zeit

Was ich habe, ist ein Leben,
aber „keine" Zeit.
Ein Leben, in dem ich all jene Dinge machen möchte,
die ich wollte.
Dafür brauche ich keine Zeit,
nur Mut und Vertrauen.

Wozu also Zeit haben müssen?
Ich habe sie, wenn ich entscheide,
dass ich sie für etwas Wichtiges brauche.
Für etwas, was mich weiterbringt auf meinem Weg.

Dafür habe ich alle Zeit der Welt.

Herr,

lass mich die Zeit erkennen.
Lass mich sie erfühlen und begreifen,
was es bedeutet, dieses Wort: „Zeit".

Lass mich erkennen, dass ich nichts in der Hand
halte und schon gar nicht die Zeit.
Lass mich erkennen, dass ich ohne dich überhaupt
nur das haben kann, was vergänglich, oft wertlos ist –
im Angesicht des Lebens.

Herr,

lass mich erahnen, egal, wie alt ich bin,
dass die Zeit genau vor meinen Füßen liegt.
Ich nur in genau diese Zeit eintauchen und mich von ihr
umspülen lassen kann.

Da es viele Menschen um mich herum gibt,
die der Zeit hinterher irren,
schenke auch ihnen den Blick,
das zu sehen, was in ihren Herzen tief verborgen ist.

Amen.

„Wir sollten die Zeit erfinden,
damit wir sie in Flaschen abfüllen können.“

Herr,

könntest du uns dabei helfen?
Würdest du uns dabei helfen wollen?
Oder sollen wir dies selbst erlernen,
mit unserer Zeit umzugehen?

Herr,

sprich zu uns
in der Kommunikation, die dir beliebt.
Wir werden dir zuhören.

Amen.

11. Wahrnehmung

gestört
subjektiv
begrenzt
einseitig

auch unsere eigene

Herr,

wie nimmst du uns wahr?

gestört
subjektiv
begrenzt
einseitig?
Könnten wir doch mit dir so viel mehr sein
als das, was wir oft im Moment als Version
von uns abgeben.

Nimm uns an deine Hand,
und lass uns die Wörter umschreiben in:
liebevoll
wertvoll
warmherzig
mitfühlend!

Amen.

12. Das rote Band

Ein Band in Rot getaucht,
umwickelt das Leben,
macht es einfacher zu folgen,
hilft?

Oder stört?

Verdeckt Wichtiges, was am Rande steht,
im Abseits, im Schatten.
Was nur mit Mühe zu erkennen ist.
Lenkt ab.

Für wen ist dieses Band?
Für einen selbst?

Wohl kaum.
Wohl eher für die anderen
als Schablone zum Folgen
und Kategorisieren.

Also stört!
Es gibt es, das Band zwischen uns und dir.
Ganz egal, welche Farbe es auch haben mag.
Aber lassen wir es ruhig rot sein,
rot wie die Liebe, wie das Feuer,
das zwischen uns brennt.

Herr,

schnüre das Band zwischen dir und mir so fest, wie
mein Geist es aushält. So fest, wie mein Wesen dir
folgen kann. So fest, wie meine Ohren deine Wörter
verstehen können. Doch lass es bitte nicht locker,
auch wenn ich im Widerstand stehen mag.

Denn das bin ich, ich als Mensch, und daher
brauche ich auch das Band, das rote,
welches mich mit dir verbindet.

Ich für meinen Teil versuche dieses Band nie
loszulassen, auch wenn ich in stürmischen Zeiten
mich nur hilflos an ihm festklammern kann.
Ich lass bestimmt nicht los.

Amen.

Wie gerne würden wir uns so fühlen dürfen,
als umschmeichele uns ein rotes Band.

Ein Band, das uns wärmt,
welches uns mit dir verbindet,
uns zusammenhält und vereint.
Ein Band, das in Liebe getaucht ist.

Amen.

13. Trauer

Trauer ist ein Zustand, ein Gefühl,
welches kommt, geht.
Meist kommt, wenn man sie nicht braucht,
dann ewig bleibt,
nicht geht.

Dabei sind ihre Manieren nicht sehr lobenswert,
wie Besuch, der nur nimmt und nichts gibt,
nur fordert und nichts leistet.

Eigentlich ist sie nicht einmal eingeladen,
aber das scheint die Trauer nicht zu stören.
Da hilft nur eines.

Sie wie Besuch behandeln,
der gerne kurz Hallo sagen darf,
dem auch gerne zugehört wird.

Doch dann wird ihr weit die Tür geöffnet,
sie liebevoll verabschiedet
bis zum nächsten Mal.

Herr,

ich erkenne meine Trauer,
ich erkenne ihren Wert.

Doch lass mich an ihr nicht zerbrechen,
nicht untergehen
in einem nicht enden wollenden Strudel.
Ich würde mich lieber mit ihr unterhalten,
von Aug zu Aug.

Bitte gib mir die Kraft dazu,
den weiten Blick nach vorn,
in eine Zukunft, die im Licht enden wird.

Amen.

14. Vertrauen Teil 1

Trauen.
Sich etwas zutrauen,
sich selbst zu vertrauen.

Vertrauen,
dass alles einen Sinn hat,
dass alles ein Ganzes ergibt.

Dass Vertrauen der Anfang von allem ist,
dass es ohne Vertrauen keinen Anfang gibt.
Dass Vertrauen nichts mit Gebundenheit,
sondern mit Loslassen zu tun hat.

Vertrauen, dass durchs Loslassen
erst alles entstehen kann,
wie es entstehen soll,
wie es gedacht und
wie es uns vertrauensvoll vorbestimmt ist.

Amen,

ich weiß, wenn ich dieses Wort ausspreche,
dann besiegle ich meine Wörter,
vertraue ihnen,
sende sie gen Himmel.

Herr,

gibt diesem Amen,
welches mir Vertrauen schenkt,
mehr Raum in meinem Geiste,
mehr Raum in meinem Leben,
in meinem Dasein.

Amen.

15. Lachen

Lach mal wieder,
sagte man mir.
Ja, lach mal wieder,
sagte ich mir.

Lach einfach so oft, wie du kannst,
sagte man mir.

Ja, genau, ich lache einfach, wann immer ich kann,
sagte ich mir.

Lachen macht von innen schön,
sagte man mir.

Ja, ich lache mich ganz einfach innerlich schön,
sagte ich mir.

Und so begann ich zu lachen
ein Leben lang.

Ich vermute, in manchen Kirchen wird nicht viel
gelacht, doch ist das Lachen nicht so wichtig?
Für unsere Freude, unsere Liebe und unsere Seele,
die wir durch ein gesundes Lachen wieder
erwecken können zu neuem Leben.
Sollten wir nicht alle viel mehr lachen?
Auch wenn wir annehmen, wir haben nichts
zum Lachen?

Herr,

ich vermute, du besitzt Humor,
bitte zeige ihn mir,
lass uns zusammen lachen.
Lachen für eine Welt,
die sich dadurch verändern kann,
denn lachend, so vermute ich,
kann man nur sehr schwer einen Menschen töten.

Amen.

16. Einfachheit

Es ist einfach,
einfach zu sein,
und doch ist es
so schwer, einfach nur zu sein.

Einfach sein
heißt heute,
unsichtbar,
farblos,
ungehört zu sein.

Doch wird durch Farbe, viel Klimbim
das Einfachsein nur weggeschminkt,
denn einfach sein ist nicht gleich „einfach" sein.

Es ist die Kunst des Seins,
die Kunst der klaren, reinen Gedanken,
die Kunst der Schönheit in ihrer Einfachheit.

Herr,

bei dir können wir einfach sein,
was wir sind.
Einfach ein Mensch,
wie jeder es von uns ist.
Dafür danke ich dir, Herr.

Ist es doch oft sehr schwer,
einfach nur sein zu dürfen.

Einfach ein Mensch zu sein,
der nur den Willen hat,
in deiner Welt er selbst zu sein.

Wenn es in deinem Sinne ist,
lass mich bitte nur sein,
wie ich bin.

Amen.

17. Nach der Reise ist vor der Reise.

Ich gehe,
ich mache einen Schritt nach dem anderen,
ich sehe, ich höre, ich empfinde.

Ich bin noch hier, bin noch im Jetzt,
bin immer nur im Jetzt,
nie physisch in der Vergangenheit,
nie in der Zukunft,
bin immer nur hier.

Alles andere ist eine Illusion
von dem Davor und dem Danach,
denn nur im Augenblick ist man präsent,
sieht das meiste,
denn die Vergangenheit vermisst Teile,
die Zukunft ist noch ohne Dinge.

Und dennoch,
nach der Reise ist vor der Reise.

Es ist ein Spiel, welches man in jeder Sekunde spielen
kann, doch eigentlich ist es kein vollkommenes Leben,
wenn ich nicht genau im Hier und Jetzt bin.

Daher, öffne mir die Augen, gib meiner Geduld
die Ruhe, die es braucht, um genau hier zu sein.
Sodass ich das ganze Leben in jedem Augenblick
erkennen, genießen, leben kann.

Dafür danke ich dir, Herr.

Amen.

18. Eigene Worte

Meine Worte sind nicht deine Worte,
meine Gedanken sind nicht deine Gedanken,
mein Handeln ist nicht dein Handeln.
Doch was verbindet uns dann?

Deine Worte könnten auch meine Worte sein,
deine Gedanken könnten auch meine Gedanken sein,
dein Handeln könnte auch mein Handeln sein.
Und was hat das mit dir zu tun?

Meine Worte werden vielleicht zu deinen Gedanken,
mein Handeln beeinflusst vielleicht deine Worte,
meine Gedanken regen vielleicht dein Handeln an?

Herr,

wir Menschen sind zerstreut und leben irgendwie
nebeneinanderher. Doch muss das so sein?

Können wir nicht mehr zusammenkommen, dichter
zusammenrücken und uns näher kennenlernen?
Ist es nicht das, was die Kirche einst in ihren
Grundgedanken vereint?

Ach, könnten wir dies doch sehen, begreifen und
fühlen, welches großartige Werk auf uns wartet,
wenn wir unsere Seele öffnen und uns wieder
zusammenfinden.

Könnten unsere Worte in deinen Häusern wieder
zusammenfinden, das wäre etwas,
was uns allen guttun würde.

Da auch dies in deinem Sinne zu sein scheint,
lass uns diesen Gedanken gemeinsam entfalten,
ihn Realität werden lassen.
Ich danke dir dafür.

Amen.

19. Werte

Welche Werte trägt jeder in sich selbst?
Woher kommen diese Werte?
Hinterfragen wir diese Werte?

Werte.
Werte sind wichtig.
Werte sind Orientierung.
Werte sind Sicherheit und Festigung.
Werte sind Regeln und Grenzen.
Werte sind richtig?

Eigene, selbst erschaffene Werte sind richtig, wichtig.
Übernommene, abkopierte Werte,
Schablonen von anderen sind fraglich.

Schaffen wir uns daher, jeder für sich, eigene Werte.
Werte, die Bestand haben im großen Ganzen.
Werte, die auf Liebe, Respekt basieren,
die Schönheit in sich tragen.

Herr,

du beschreibst uns deine Werte,
du gibst uns Werte,
die wir nutzen können
als Orientierung,
als Wegweiser.

Doch warum sind unsere Ohren taub?
Unsere Augen noch blind?

Gibt es ein Mittel dagegen, dann bitte, Herr, gib es uns,
damit wir nicht wertelos leben müssen,
nicht den falschen Werten hinterherrennen.

Amen.

20. Klarheit

Ist das klar?

Eh klar.
Klar wie reine Kristalle.
Alles klar eben.

Den Durchblick haben,
alles checken,
eben nicht auf der Leitung stehen,
sondern brav am Drücker sein,
eh klar.

Heiter immer weiter,
bis eine Mauer kommt,
über die man gehen sollte, könnte,
die man umgeht,
eh klar.

Doch da meldet sich der Verstand,
der es eben verstanden wissen will,
somit eh klar,
muss dann nun doch mal genau das einsetzen,
die Klarheit über all das,
was man bis dato nicht sehen konnte,
wollte, sollte, aber nun ist alles klar.

Bis zur nächsten Mauer,
eh klar ...!

Es ist kein Herbst und dennoch sehen wir alles
verschwommen, wie in einem dichten Nebel.

Herr,
du besitzt die Klarheit,
einen wachen Verstand,
ein gütiges Herz.

Lass uns nicht im Nebel stehen,
gegen unsere selbst erbauten Mauern,
immer und immer wieder rennen,
bis unsere Köpfe blutig sind.

Lass uns vielmehr alles klar erkennen,
wie auf einem gestochen scharfen Bild.

Öffne, reinige unsere Seele,
damit sie sich weiten kann,
uns so die Gabe verleiht,
die da kommenden Dinge klar zu erkennen
und einzuordnen.

Denn dein Ziel soll auch unseres werden.

Amen.

21. Vom Ich zum Wir

Es war einmal ein Ich.
Ein starkes Ich,
ein umfassendes, ergreifendes Ich.
Ein Ich, welches gehört werden wollte,
welches gesehen werden sollte.

Doch worum geht es hier eigentlich?
Worum geht es in dieser Welt,
der Welt der sieben Milliarden Menschen!

Geht es uns um uns selbst?
Nur allein das zählt?
Oder geht es hier um uns alle,
um ein Wir,
denn nur wir können etwas verändern,
wir zusammen zählen,
erreichen alles.

Fangen wir bei uns,
beim Ich an,
welches wir verwandeln in ein Wir.

Wandeln wir so uns,
das Wir,
die Welt.

Herr,

nimm uns alle in deine Arme,
jeden Einzelnen von uns,
jeden Einzelnen, der es möchte,
jeden Einzelnen, der bereit ist,
um sich im Glauben fallen zu lassen.

Herr,

wir sind sehr viele auf dieser Erde,
vereine uns, wenn es dein Wille ist,
lass uns nicht streiten
des Glaubens willen.

Herr,

gib uns eine gemeinsame Sprache,
die wir alle verstehen,
damit wir reden können,
kein Ich mehr allein bleiben muss,
und so das „Wir" groß
und stark werden kann.

Amen.

22. Klang des Lebens

Alles klingt
gut
oder
verurteilt
schlecht.

Alles will klingen,
gehört werden,
jedes Wort,
jedes Geräusch,
jede Stimme,
jedes Instrument,
jedes Kind im eigenen Körper.

Was wären wir ohne
den Klang des Lebens,
ohne den Klang der Natur,
der Instrumente,
der Stimmen,
der Wörter,
der unterschiedlichen Sprachen?

Leer.

Singen wir zusammen,
singen wir zusammen deine Lieder,
deine Lieder der Freude,
der Liebe, der Hoffnung,
der Zuversicht.

Singen wir so laut, dass du uns hören kannst,
sodass wir uns selbst hören,
sodass uns die anderen hören,
sodass sich unsere Herzen weit öffnen.

Singen wir immer,
immer wieder,
sodass wir mutiger werden,
wir uns mehr,
viel mehr mit dir vereinen.

Amen.

23. Luft

Wir brauchen sie zum Leben,
zum Atmen,
um uns frei zu fühlen,
um uns lebendig zu fühlen.

Doch
wir verpesten die Luft,
unsere eigene Luft.

Wir lassen dicke Luft entstehen,
schaffen Situationen,
wo man die Luft zerschneiden kann.

Ganz allein durch unsere eigene Präsenz
bekommt Luft in einem Raum einen anderen Duft,
erlauben wir anderen, nach Luft zu schnappen
oder lassen sie „ersticken"
samt den Gefühlen, Meinungen und Hoffnungen.

All das sind wir.

Herr,

was nur tun wir mit diesem kostbaren Elixier?
Was nur tun wir uns selbst dadurch an?
Steckt dahinter ein Plan,
den wir selbst ins Leben gerufen haben?

Denn so, nehme ich an,
ist es nicht in deinem Sinne, dass wir dies tun.
Dass wir uns die Luft gegenseitig verpesten,
abschneiden,
aufsaugen.

Nur was können wir tun?
Was sollen wir tun?

Gib uns die Weisheit, Auswege zu erkennen,
uns neu zu überdenken,
neu zu handeln.
Ehe uns die Luft ausgeht.

Amen.

24. Ansichtssache

… alles hat eine Ansicht
genauer genommen hat alles mehrere,
doch wie viele wollen wir wirklich sehen,
was wollen wir sehen?

Was sind wir fähig zu sehen,
wie sehen wir uns,
was stellen wir dar,
was drücken wir aus,
wie sehen uns andere?

Wie nehmen sie uns wahr
umschließend,
was wollen wir sein?

Wollen wir das sein
oder wollen andere,
dass wir es sind?

Alles hat eine Ansicht
und ist eine Sache zugleich …

Herr,

teile uns deine Ansichten mit,
sodass wir nicht falschen hinterherjagen müssen.
Teile uns deine Vielfalt mit,
sodass wir nicht einfältig bleiben müssen.

Schenke uns einen offenen Geist,
der sich zu beschäftigen weiß,
der sich füllt mit Lebensweisheiten,
sich, dank seiner Beweglichkeit,
nie langweilt und
nie langweilige Ansichten annehmen muss.

Amen.

25. Schönheit

Ein Mega-Begriff!
Hinter dem sich alles und nichts verbirgt.
Was ist schön, was ist Schönheit?
Ist ein zarter roter Granatapfel schön?

Ist das Schönheit?
Denken wir an Schönheit,
denken wir dann an einen Granatapfel?

Oder tauchen gestylte Hochglanz-Geschöpfe
vor unserem inneren Auge auf?
Ist das Schönheit?

Wo doch jeder nach Natürlichkeit schreit.
Ist doch Schönheit das Ganze!

Die Form, das Farbspiel, der Ausdruck, der Eindruck,
das Gesagte, die Handlungen, die Aura.
Erst dann formt sich Schönheit!

Da hat es die Sonne um vieles leichter;
sie muss einfach nur grandios untergehen
und schon sind wir uns einig:
Wow, sie ist schön!

Wir sind schön, auch wenn wir es nicht immer sein
können, nicht immer sein wollen, doch wir sind schön,
und das zu erkennen, ist eine Wendung,
die uns von innen noch schöner erscheinen lässt.

Siehst du dies ebenso?
Ja, sicher, so muss es sein.
Denn wir sind dein Ebenbild.
Auch wir können vor Schönheit leuchten,
die von ganz tief unten
in uns emporsteigt.

Wir können mit dir zusammen die Welt erleuchten,
mehr noch, als wir alle es erahnen.

Amen.

26. „Du darfst"

Du darfst – was für zwei magische Wörter!
Du darfst etwas,
du darfst so sein, wie du bist,
du darfst dich selbst lieben,
du darfst andere lieben,
du darfst Liebe geben!

Du darfst dich so annehmen, wie du bist,
du darfst machen, was du für richtig hältst,
du darfst auch Sachen einfach mal nicht machen,
die man von dir verlangt oder erwartet!

Du darfst das!
Du darfst auch laut sein!
Du darfst das!

Warum sind dann nur die meisten Menschen von
uns genau das nicht?
Warum verbieten sie sich selbst alles?
Warum lassen sie sich von anderen vieles verbieten?

Wandeln wir das Ganze einmal um in:
Ich mach das!
Ich bin so, wie ich bin!
Ich liebe, wen und was ich möchte!
Ich gebe, was ich möchte!
Ich lasse Menschen und Dinge in mein Leben,
die ich möchte!

Ich mache die Dinge, die ich möchte!
Ich bin laut, wenn ich es möchte!
Weil ich darf das.

Herr,

lass uns zusammen beten,
uns so verbinden,
immer und immer wieder.

Nicht, weil ich muss,
nein, weil ich es darf.

Ich darf beten und
meinen Glauben wachsen lassen.
Ich darf das, wir dürfen das!

Amen.

27. Was wird

Verlassen wir das Hier und Jetzt,
was wird dann sein,
was wird aus uns,
was wird bleiben?

Was nicht,
was werden wir tun,
wie werden wir handeln,
was wird man uns sagen?

Was werden wir hören,
was wird sein,
heute, morgen, in Jahren?

Was wird sich ändern, sich erneuern?

Oder bleibt am Ende alles, wie es ist?

Was wird aus uns werden?

Weißt du es?
Wirst du es uns sagen,
Herr?

Wollen wir es wissen?
Sollen wir es wissen?
Wird es etwas verändern?
Werden wir uns verändern?

Herr,

ich habe viele Fragen, und
ob es überhaupt eine Antwort darauf geben kann,
ob es eine Antwort darauf geben soll,
das liegt nicht in meiner Hand.

Alles, was es gibt, ist mein Glaube,
den ich in meinem Herzen trage.

Amen.

28. bettelarm

Sie haben nichts,
doch ihnen wird auch das Nichts noch genommen,
in Sekundenschnelle, sodass einem der Atem stockt.

Kann ein Außenstehender so ein Unglück
aus der weiten Ferne beurteilen?
Wohl selten.

Können wir doch nur zweimal hinsehen,
erahnen, was die Details bedeuten,
die morgen schon im Presserummel untergehen.
Was bleibt, sind die Menschen.

Es sind immer die Anderen,
die bleiben, noch nach Jahren.

Ja, sogar Generationen später
noch vom Unglück erzählen,
wenn unsere Uhren schon längst
eine ganz andere Zeit ticken.
Wir sind ungerecht.
Wir Menschen sind ungerecht zu uns selbst.
Das Leben ist so ungerecht,
es könnte ebenso ein Mensch sein.

Herr,

lass uns Gerechtigkeit erkennen,
lass uns uns Menschen gegenseitig erkennen.

Sehen, was direkt vor unseren Augen passiert,
verstehen, dass wir alle miteinander verbunden sind.

Herr,

bitte hilf uns dabei.

Amen.

29. Was ist

Aus ist
wird sein,
wird war.

Aus könnte
wird sollte,
wird müsste.

Aus weiß ich nicht
wird mach ich nicht,
wird kann ich nicht.

Aus gut
wird na ja,
wird schlecht.
Aus Liebe
wird Gleichgültigkeit,
wird Hass.

Aus war
wird sein,
wird ist.

Aus müsste
wird sollte,
wird könnte.

Aus kann ich nicht
wird mach ich,
wird weiß ich.
Aus schlecht
wird na ja,
wird gut.

Aus Hass
wird Interesse,
wird Liebe.

Herr,

mir bleiben die Worte im Halse stecken,
sie wollen nicht hinaus. Wollen sich nicht zeigen.

Doch weiß ich wohl, dass du sie schon längst kennst,
dir meine Gedanken vertraut sind, bevor ich sie überhaupt selbst zusammengeformt habe. Das beruhigt
mich, denn ich muss dir nichts erklären, mich nicht
erklären, du nimmst jeden von uns so, wie er ist.
Und begleitest uns wie ein Freund, der nie fern ist.

Dafür danke ich dir,
dafür danken wir dir.

Amen.

30. Übers Meer

Lass uns losziehen übers Meer,
der Freiheit entgegen.
Lass uns losziehen nach Europa,
dem Glück entgegen.
Lass uns losziehen in eine neue Welt,
der Hoffnung entgegen.

Lass uns Elend, Krankheiten,
Krieg und Hunger hinter uns lassen,
lass uns unsere Wurzeln ausreißen und losziehen.
Dass es uns den Tod kostet,
dass es kein Paradies ist, welches uns erwartet,
das sind bestimmt nur Gerüchte.

Doch was bleibt zurück auf der einen
wie auf der anderen Seite?
Was passiert mit dem Land, das verlassen wird?
Was ändert sich für diejenigen, die noch dort sind?

Was ändert sich
für diejenigen, die im neuen Land ankommen,
merken, dass Macht hier eine andere Stimme hat?
Und was macht jeder Einzelne von uns,
damit sich etwas in dieser Welt bewegt?

Herr,

wir Menschen wollen immer auf die andere Seite,
dorthin, wo wir nicht sind,
das, was wir nicht haben,
das wollen wir.

Der Preis, den wir dafür zahlen, ist meist egal.
Was steckt hinter diesem Wollen?

Nicht etwa ein Wunsch nach innerer
Veränderung, nein, nur ein Wunsch nach
mehr, mehr von allem, viel mehr.

Hilf uns,
zu erkennen, dass das Mehr nicht auf
der anderen Seite liegt, sondern nur aus
unserem Inneren herauswachsen kann.

Hilf uns, dass uns Menschen mehr bedeuten
als das Mehr-haben-zu-Wollen.
Dafür danke ich dir,

Amen.

31. Gegenwart

Hier und jetzt,
keine Sekunde vor oder zurück, genau jetzt.
Wir sitzen wie in einem Zug,
im Zug der Zeit, der sich immer vorwärtsbewegt,
niemals stehen bleibt,
nie eine Pause einlegt.

Ein Zug, der ständig in Bewegung ist,
uns immer mitnimmt.
Uns nie aussteigen lässt, erst am Ende,
wenn die ganze Fahrt zu Ende ist.

Das Ticket kostet für alle gleich,
es gibt keine Rabatte, keine Sonderwünsche,
nur eines – Zeit.
Zeit für die Gegenwart,
die wir nutzen können, wie wir wollen.

Zeit zum Genießen oder Sich-Beschweren,
Zeit, um im Hier und Jetzt zu bleiben oder
um sich aus der Gegenwart wegzuschleichen,
weit weg in die Vergangenheit oder in die Zukunft,
grübelnd über das, was war, und über das,
was sein wird.

Bloß weit weg von der Gegenwart,
bloß weit weg von der einzigen Zeit,
in der wir etwas bewegen können,
sein können, handeln können,
sagen können, was gesagt werden sollte.

Weit weg, bis wir erkennen,
dass Veränderung im Jetzt beginnt,
in der Gegenwart.

Herr,

ich möchte bei dir sein
und dennoch hier sein,
nicht erst warten auf das Paradies,
nein, ich möchte hier und jetzt bei dir sein.

Ich möchte dir nah sein,
deine Gefühle empfinden,
deine Gedanken verfolgen,
deinen Worten lauschen.
Das möchte ich.

Amen.

32. Die Erinnerung

Was bleibt am Ende von alledem übrig,
nur die Erinnerungen.
Das, was man hinterlässt für die Welt.

Was wird dies in meinem Falle sein, was ist mein Werk?
Wird es etwas sein, was Menschen bewegt, inspiriert?
Können wir uns doch oft gegenseitig inspirieren.

Wie begleite ich die Menschen um dich herum?
Stehe ich ihnen im Wege oder an ihrer Seite?
Wie viel davon ist für mein Ego
und was für die anderen bestimmt?

!„dienen"! aus einem anderen Licht betrachtet,
aus einem Licht der Zuwendung und Zuneigung.
Diene ich mir selbst und den Menschen um mich herum,
sodass schon heute schöne und lebendige
Erinnerungen entstehen.

Herr,

lass unsere Herzen sich an all das erinnern,
was wichtig, was liebevoll ist,
was es bedarf, damit wir freier leben können.

Erinnere uns daran, dass wir mehr sind
als das, was wir gerade sehen,
gerade wahrnehmen,
gerade erleben,
gerade geben.

Erinnere uns immer und immer wieder.

Amen.

33. Vergangenheit

Wie geht man mit dieser um,
inwieweit lässt man sie in sein aktuelles Leben?

Was wäre, wenn es eigentlich gar keine Zeit gäbe,
somit auch keine Vergangenheit?

Nur etwas, was man schon erlebt hat
und was durchaus noch da ist.

Herr,

deine Geschichten sind Vergangenheit und doch
so aktuell, als geschähen sie gerade heute.

Flüstere sie uns bitte immer wieder leise ins Ohr,
damit wir sie aus der Vergangenheit in unser
aktuelles Leben holen
und sie so mit dir zusammen erleben können.

Amen.

34. Kulisse

Der Vorhang geht auf und du bist ein Star,
dein ganz eigener Star.

Der Vorhang geht zu und …
was bleibt übrig hinter der Kulisse?

Was ist es, was dich ausmacht,
was bist du und
was fühlst du?

Brauchst du diesen Vorhang?
Brauchen wir diesen Unterschied
zwischen der einen Person und der anderen?

Ist es nicht besser,
wir sind eins,
ein Ganzes, authentisch und eben wir?!

Herr,

was wäre, wenn du den Vorhang einfach
zufallen ließest?
Dem ganzen Theaterstück auf der Erde
ein Ende bereitest?

Wo würden dann all unsere Seelen leben?
Wo würden sie sich ihren Aufgaben widmen?
Würde es dann keine Aufgaben mehr geben?
Würde es dann dich geben?

Das kann nicht unser Wille sein.
Kämpfen wir daher so sehr, dass wir ewig leben,
dass unser letzter Atemzug endlos weit entfernt
sein soll?

Kämpfen wir letzten Endes dafür, dass auch du leben
und mit uns weiterleben kannst?

Das ist eine schöne Vorstellung, würde sie doch
unseren Kampf in ein Wohlwollen umwandeln.

Amen.

35. Es gibt viel zu tun

Es gibt viel zu tun, wenn man in den Himmel schaut,
sich der Entfernung bewusst wird
zwischen einem selbst und dem da oben.

Es gibt viel zu tun,
wenn man etwas erreichen will im Leben,
wenn man sich auf den Weg macht,
Fragen stellt,
nicht zuletzt den Sinn erfassen will.

Dann gibt es eine ganze Menge zu tun.
Oft erscheint einem die Zeit
bisweilen dann doch recht kurz.

Amen,

beginnen wir mal am Ende,
dann erscheint uns das, was noch alles zu tun ist,
vielleicht weniger schwer.

Umschließen wir unser Tun mit einem Amen,
um uns selbst zu beruhigen, um mit diesem Wort
zugleich dem Dank seinen Raum zu geben und
der getanen Arbeit ihren gebürtigen Respekt.

Abgesegnet durch dich, Herr,
der wiederum das Amen umschließt.

Amen.

36. Das ewige Leben

Es war einmal ein Leben,
ein Leben, welches es zu leben galt,
ein Leben, das gefüllt werden wollte,
mit Taten, Geschichten und Romanzen,
mit Witz und Spaß, Freude und Humor.

Das ewige Leben,
ein Leben, das jeden Tag aufs Neue beginnt,
sich jeden Tag aufs Neue vollendet,
in den nächsten Tag übergeht,
ein ständiger Kreislauf,
der immer wieder durchbrochen werden kann,
damit das ewige Leben lebendig bleibt,
sich nicht verliert im Alltag und Trott.

Das ewige Leben,
für jeden etwas Anderes
und für jeden so einzigartig.

Herr,

du lebst ewig,
bist das ewige Leben.
Beobachtest uns von Beginn an,
siehst unsere Irrläufe gegen uns selbst.

Ich hoffe, du kannst über uns lachen,
ich hoffe, wir könnten über uns lachen,
über unsere Irrläufer und unseren
Wahnsinn zugleich.

Dann nämlich würden wir erkennen,
wie albern wir doch oft sind,
vielleicht ist das ja auch eine Form von Humor?
Nur lachen wir in echt nicht.
Das ist schade.

Herr, lass uns das ändern, es ist Zeit.

Amen.

37. Leichtigkeit

Heiterkeit
Freiheit
Ewigkeit

Freude
Spaß
Leben

Besonnenheit
Mut
Stolz

Kritik
Vernunft
Zukunft

Herr,

beten,
glauben,
handeln,
fühlen,
verstehen,
hinsehen,
empfangen,
erlangen,
danken.

Amen.

38. Zusammen

Das Zusammensein,
ein Sein im Zusammenhang,
mit Zukunft,
mit Genuss,
mit Verstand,
Hoffnung auf etwas, was ist,
was sein wird, was Bestand hat.

Das Zusammensein,
das Ziel, ein Ziel, das es anzusteuern gilt
mit Vollgas.

Herr,

wir können jeden Menschen verlassen,
doch dich nie.

Auch wenn wir strampeln wie kleine Kinder,
verlassen wirst du uns nie.

Auch wenn wir dich in die allerkleinste Ecke tun,
dich wegsperren in einen gedanklichen Tresor,
du wirst immer da sein.

Wahrscheinlich verhalten wir Menschen uns
deshalb so, so wie meine Wörter es hier nicht
beschreiben wollen,
denn egal, was wir auch tun, du bist da.

Das ist für uns ein Segen und wohl ein Fluch zugleich.

Amen.

39. Pass

Ein Stück Papier, das sagt, wer ich bin,
was ich bin.
Nur mit ihm bin ich eigentlich wer,
bin am Leben,
gehöre dazu.

Kann lieben,
kann reisen,
kann frei sein,
denn ich habe die richtige Farbe vom Pass.
Kann passieren,
kann hier ruhig sitzen,
kann schreiben und sein.

Sitze auf der richtigen Seite,
mit Geld und einer guten Flagge.
Ich darf sein,
bin legal,
bin erlaubt und frei.
Doch weiß ich überhaupt,
was das bedeutet?

Kann ich begreifen, was ich bedeute?

Bedeute zu sein,
bedeute zu leben,
zu tun, was ich will,
ohne eine Ahnung davon zu haben,
was es alles auf dieser Welt gibt,
was möglich ist
auf den anderen Seiten,
auf den Seiten mit anderen Flaggen,
mit anderen Geldscheinen,
ohne Freiheiten.

Herr,

du hast die Erde rund erschaffen
als einen nie enden wollenden Kreislauf,
der alles beinhaltet.

Das Oben und das Unten,
das Links und das Rechts.
So haben sich zwei Pole in unserem Sein manifestiert,
das Gute und das Böse,
das Richtig und das Falsch,
die Liebe und die Angst.

All das gibt es nun in unserem Leben.
Alles hat seine Berechtigung,
denn ohne das Eine gibt es das Andere nicht
und ohne das Andere gibt es das Eigentliche nicht.

Dennoch strebt mein Wesen nach dem richtigen Pass,
der richtigen Seite, dem richtigen Tun,
auch wenn ich am Ende nur mich selbst damit beruhige.

40. Freude

Freude am Ich
Freude am Wir
Freude am Leben
Freude für alles
Freuen wir uns,
dass wir uns über alles freuen könnten,
über all das, was das Leben uns bereithält.

Freude
über Herausforderungen,
über Aufgaben, die es zu lösen gilt,
über Veränderungen,
die uns neue Sichtweisen zeigen,
über die Liebe,
die uns die Mauern wegsprengen lässt,
über das, was alles noch kommt,
was schon war und was gerade ist.

Einfach eine Freude.

Herr,

erbarme dich unser,
lass uns Freude empfangen,
Freude leben,
Freude schenken.

Freude darüber, dass wir sind,
darüber, dass du da bist,
Freude, dass wir uns kennen,
Freude über uns als Menschen,
Freude über Freude.

Amen.

41. Sanft

Leise, fast lautlos ziehe ich durchs Leben,
nur wer wirklich mehr sehen will,
sieht meine Stärken,
spürt, welche Kraft, welche Größe in mir steckt.

Andere sehen mich,
betrachten mich mit ihren Augen,
mit ihren Ohren,
nur welche sind zugänglich für meine Töne?

Ach, wüsste ich doch,
was sich alles durch mich bewegt,
es würde mir helfen,
mich auf meinem Weg begleiten und
unterstützen.

Herr,

wir sind oft unsicher,
oft im Selbstzweifel über unser Tun und
unsere Werke, vor allem,
wenn sie so wenige konform gehen
mit dem Alltag von vielen.

Wir hören deine Rufe, deiner Stimme zu folgen,
doch fehlt uns manchmal der Mut dazu.

Nimm uns daher bitte sanft an deine Hand
und schenke uns die Zuversicht und Sicherheit,
die wir brauchen,
damit aus deinen Tönen Werke werden können,
die größer sind, als wir uns zu Beginn vorstellen können.

Amen.

42. 35+

Magisch
Tragisch
Nostalgisch

Reifend
Ergreifend
Begreifend

Vertrieben
nervlich zerrieben
endlich in die Hände getrieben

Herr,

was sind Zahlen doch für ein Trugschluss,
Zahlen, denen wir uns hingeben,
anstatt unserer eigenen inneren Uhr zu folgen,
die uns eine Zeit ansagt,
die fernab von unseren Zeiten der Zahlen ist.

Eine Zeit, die nicht messbar,
unendlich und doch so nah ist.
Lass uns dieses Gefühl erleben,
immer wieder durchleben und erkennen,
dass unsere Zahlen nichts verraten,
nichts erzwingen und uns auch nicht näher
zu dir bringen.

Lass uns erleben, dass es auch ohne Zahlen geht,
frei lebend ohne Zwänge und Druck,
die wir uns durch Zahlen unterwerfen.

Lass uns erkennen,
dass es ohne Muster auch ein Leben gibt und
ohne einen vorgefertigten Fünfjahresplan
mehr Lebendigkeit spürbar ist.

Amen.

43. Bis

Bis sich etwas bewegt,
bis sich etwas regt,
bis sich etwas verändert,
bis sich dadurch andere bewegen,
bis sich Dinge umwandeln,
bis sich eine Arbeit sichtbar macht,
bis sich Türen öffnen,
bis sich Neues bildet.

Herr,

wie weit ist es noch bis zu dieser Zeit,
jene Zeit, wo sich alles wandelt,
umwandelt und Neues entsteht?

Wie weit ist es noch,
bis wir unser Potenzial als Menschen erkennen,
uns den Dingen widmen, die uns ausmachen,
bis wir der Liebe ihren Platz freiräumen,
bis wir unser Leben erkennen?

Wie weit ist es, bis …?

Amen.

44. Die

Die,

die aufsteht, anstatt sitzen zu bleiben,
die, die ihre Stimme erheben,
wo andere verstummen,
die, die losgehen,
auch wenn das Ziel nicht immer gleich klar ist.

Die,

die ihre Finger in die Wunden legen,
anstatt sie zu überdecken,
die, die nachfragen,
die, die Ungerechtigkeit nicht hinnehmen,
die, die Nein und nicht immer nur Ja sagen.

Herr,

was ist mit denen, die anders sind,
die gegen den Strom schwimmen?
Werden sie von dir beschützt?

Oder beschützt du uns alle,
damit wir mehr zu diesen Menschen werden können,
denn wir deinen Schutz fühlen, der uns umgibt.

So kann aus „Die" ein „Wir" werden,
welches zu uns allen gehört.

Amen.

45. Alle zusammen

Wie das wohl wäre, wenn?

Ja, wenn alle gehen würden
zusammen in die gleiche Richtung,
wenn es keinen Widerstand gäbe,
keine Steine am Weg,
keinen Gegenwind im Gesicht.

Ja, wie das wohl wäre?

Herr,

zusammen,
immer wieder kommen wir zusammen,
reden über dich und glauben doch so wenig.

Immer wieder streiten wir über dich
und glauben doch so wenig.

Immer wieder führen wir Kriege in deinem Namen
und glauben doch so wenig.

Immer wieder zerreißt es uns,
weil wir so wenig glauben.

Du kannst nicht sagen, du bemerkst das nicht,
daher bitte ich dich,
lass uns alle mehr glauben.

Amen.

46. Lauf

Lauf, als wenn es um dein Leben,
um alles, was dir wichtig ist, ginge.

Lauf, bis du denkst, dein Gehirn schaltet ab,
und dein Körper fühlt, dass die Bewegung ihn erstickt.

Lauf, weil du nicht anders kannst,
nicht anders willst.

Lauf, als wenn es das wäre,
was du immer getan hast,
du nie etwas Anderes tun wirst.

Lauf für dich, für dich ganz allein,
und komm bei dir selbst an!

Ja, Herr,

so würdest du uns bestimmt gerne sehen,
wenn es um unseren Glauben geht.
So bei der Sache, so voller Einsatz,
als wenn es kein Danach mehr gäbe.
Ja, Herr,

wir sind alles andere,
nur oft nicht das Gewünschte.
Von dir Gewünschte und das,
wonach sich unsere Seelen sehnen.

Ach, Herr,

auch wenn wir noch nicht laufen,
können wir uns doch Schritt für Schritt annähern,
näherkommen,
allein dadurch,
dass wir diese Zeilen lesen.

Allein dadurch,
dass wir diese Wörter durch uns hindurchfließen lassen.
Allein dadurch.

Amen.

47. Am Weg!

Ist alles anders,
der Tag, die Nacht, der Ablauf.
Alles folgt anderen Gesetzen und Regeln.
Nur die Gedanken bleiben die gleichen,
doch können endlich einmal zu Ende gedacht werden.

Am Weg
veränderst du dich,
siehst neue Perspektiven, neue Eindrücke,
schiebst die empfundene Realität
in ihre Schranken zurecht.

Am Weg
findest du dich selbst wieder,
sammelst deine Einzelteile ein
und setzt sie wieder neu zusammen.
Am Weg!

Am Weg begegne ich dir.
Am Weg spreche ich mit dir.
Am Weg lausche ich dir.
Am Weg vertraue ich dir.
Am Weg glaube ich dir.
Am Weg folge ich dir.
Am Weg danke ich dir.

48. Reaktion

Wir reagieren oft nicht bewusst,
in den meisten Fällen hinterher und
nur selten hinterfragt.

So bleibt die Aktion im Raum stehen,
bis sie sich verzogen hat
und neue Ereignisse auftauchen.

Herr,

lass uns nicht mehr agieren,
nicht mehr reagieren,
nicht mehr folgen alten Mustern,
nicht mehr glauben dumme Worte,
nicht's mehr von alledem.

Amen.

49. Zukunft

Hallo Zukunft!

Du bist da
und schon wieder weg,
ein falscher Tritt und du gestaltest dich ganz anders.

Bist nie vorhersagbar,
nie greifbar und schon gar nicht einschätzbar.

Daher, liebe Zukunft,
schließe mich ein in deine Pläne,
in meine Pläne aus der Zukunft,
in mein Leben,
in das, was aus mir wird.

Lass mich teilhaben
und für die Zukunft
schon heute richtige Schritte setzen.

Gott,

die Zukunft wird einst unsere Geschichte sein.
Eine Geschichte, die so oder ganz anders
aussehen kann.
Wir zusammen gestalten sie,
schreiben sie um,
schreiben sie neu, wenn wir dies wollen.

Daher, Gott,

lass uns bitte viele schöne Geschichten schreiben,
viele schöne Momente erschaffen,
damit am Ende ein schönes Buch entsteht.

Amen.

50. Mag ich dich

Mag ich dich?

Das weiß ich nicht.
Was ich weiß, ist
das, was ich sehe,
ist das, was ich fühle, und
das, was ich mir denke.

Doch mag ich dich?
Muss ich dich überhaupt mögen?

Oder muss ich nur Respekt zeigen,
zeigen, dass wir beide Menschen sind,
beide Menschen mit einer Vergangenheit,
mit einem ganz eigenen Gesicht.

Herr,

mag ich dich?

Was sollen wir auf diese Frage antworten?
Wie sollen wir dich nicht mögen?

Mögen dich doch auch all diejenigen,
die glauben, dich zu hassen,
denn ihr Hass ist nur Ausdruck
von einem anderen Denken.

Können wir uns doch nie richtig von dir abwenden,
denn du schenktest uns deinen heiligen Geist.

Ein Teil in uns, der so viel mehr Wert ist,
dass der Dank dafür weit über ein Mögen hinausgeht.

Amen.

51. Willkommen!

Du bist willkommen,
doch ich lass dich nicht rein,
nicht rein in mein Reich,
schon gar nicht in mein Herz,
denn mein Herz ist verschlossen.

Ich kenne dich nicht,
sehe nur, du bist neu
und anders.

Du zerrüttest meine Gedanken,
die geschaffene Ordnung,
muss doch alles so bleiben, wie es ist.

Es ist besser, du gehst,
gehst aus meinen Gedanken,
aus meinem Sichtfeld,
damit mein Reich,
mein Herz
das aushält, was es muss,
was es gewohnt ist, zu sein.

Eines Tages vielleicht werde ich verstehen,
worum es dir ging,
als du vor meiner Tür standest
und ich mich entscheiden konnte,
wie ich dich willkommen heiße.

Gott,

du schickst uns immer wieder Menschen in unser Leben,
die wir willkommen heißen oder wegschicken können.
Menschen, die uns wachrütteln, aufwühlen und uns
zutiefst bewegen auf ganz unterschiedliche Weise.

Gott,

bitte öffne uns die Augen, damit wir deine Boten
erkennen und sie rechtzeitig willkommen heißen.
Bitte öffne unsere Herzen, damit wir deinen Boten
warm und freundlich begegnen können.

Gott,

bitte schicke uns deine Boten, wann immer dir
danach ist, und schicke sie uns auch erneut, wenn
wir vergessen haben, sie willkommen zu heißen.

Gott,

dafür danke ich dir.

Amen.

52. Echtheit von Bildern

Es ist echt und wahr,
dass ein festgehaltener Augenblick nichts
und doch alles ist,
was uns gerade umgibt.

Es ist ein Ausschnitt aus der Gegenwart,
samt der Kopie, samt dem Negativ aus dem, was war,
zusammengefügt mit einem Lächeln,
dem man entnehmen kann, was wer will.

Doch bei näherer Bekanntschaft
denkt man sich oft still,
dass das Lächeln heute ein anderes ist
als jenes aus der Zeit, die man nie vergisst,
aus der Zeit, die war,
freier, schöner, einfach und um so vieles lebendiger.

Doch ich gebe die Hoffnung nicht auf,
vertraue auf uns,
unseren ganz eigenen Lauf,
den Lauf des Lebens,
der uns alle irgendwann erkennen lässt,
wo unser Platz ist.

Der Ort, an dem wir ankommen sollen,
der Ort, wo wir nicht mehr müssen und
nur noch wollen.

Gott,

es gibt so viele Bilder von dir.
Doch sind diese alle echt?
Sind sie wahr oder nur eine Illusion,
die wir von dir haben?

Wenn es ein echtes Bild von dir gibt,
dann zeige dich uns bitte
in deiner natürlichsten Form,
jedoch einer Form, die wir sehen können,
die unsere Augen erfassen und unser Herz
ertragen kann, sodass wir nicht mehr Illusionen
hinterherlaufen müssen,
sondern uns dir ganz nähern können.

Dann kann es auch uns gelingen,
uns hinter nichts mehr zu verstecken, und
dann kann es uns gelingen, ein echtes Bild
von uns selbst abzugeben.

Dafür danke ich dir,

Amen.

53. Ich habe keine Zeit

Ich habe keine Zeit, das steht fest!
Ich habe nie Zeit,
nie Zeit für dies – nie Zeit für jenes,
nur der Satz: „Ich habe keine Zeit", ist stets parat.

Ein Synonym für das Leben,
für das Rad, das sich dreht,
welches nie stillsteht und
sich eigentlich doch immer wieder nur im Kreis dreht.

„Ich habe keine Zeit", was soll das heißen?
Wie viel muss ich noch lernen und begreifen,
um die ganze Tragweite dieses Satzes zu erschließen,
um ihn dann im Geiste zu vertiefen,
damit er verstanden wird,
seine wahre Bedeutung erkannt und beachtet wird.

Drehen wir es um und erzeugen unsere eigene Zeit!
Eine Zeit, die wir haben,
welche auf uns wartet,
auf ein neues Leben, das uns erkennen lässt,
dass nichts ausartet,
wenn man auf die Zeit vertraut,
sich ganz laut auch einmal zu sagen traut,
„Ich habe Zeit und kann warten"!

Herr,

was ist die Zeit doch für ein seltsames Gebilde!
Wir teilen alles ein, sogar für dich gibt es eine
vorgeschriebene Zeit, eine Zeit, in der wir beten,
an dich denken, Feiertage feiern, in denen wir
versuchen, besonders mit dir verbunden zu sein oder
dem Gebilde, welches wir daraus gemacht haben.

Herr,

bitte begegne uns in unserer Zeit, wo und wann immer
dir danach ist, wie auch immer du mit uns in Kontakt
treten möchtest, bitte besuche uns, besonders, wenn
wir denken, wir haben keine Zeit mehr, keine Zeit mehr
für unseren Glauben, keine Zeit mehr für uns selbst.

Amen.

54. Zeitlos

Ich gehe durch die Zeit,
bin zeitlos,
bin losgelöst von dem, was war,
was sein wird.

Ich gehe durch die Zeit,
komme doch an,
komme genau dort an, wo ich stehen soll,
wo ich mich hinbewegen soll.

Nur alles um mich herum bewegt sich mit,
sucht seinen eigenen Raum,
seine Zeit,
seinen Sinn,
den Sinn der Zeit, den Sinn des Lebens,
am Ende scheint für einige dennoch alles vergebens.

Doch ist es nicht immer so,
zum Glück,
zum Glück gibt es den Raum, der sich öffnet,
der Weg, der sich ausbreitet,
sich vor uns entfaltet.

Gott,

du bist zeitlos,
immer der gleiche Gott,
der sich an uns alle wendet,
zeitlos für die Probleme,
zeitlos für die Ereignisse, die geschehen.

Gott,

zum Glück hast du Bestand, bist zeitlos,
bist immer wieder da für uns,
egal, in welchem Jahr wir uns auch befinden,
egal, in welchen Situationen wir festsitzen,
du bist da, über die Grenzen unserer Zeit hinaus.

Amen.

55. Heute ist auch ein Tag

Heute ist auch ein Tag.
Richtiger müsste es heißen: Heute ist noch ein Tag.
Ja, solange wir am Morgen aufwachen,
gibt es ihn – den Tag.

Ganz bestimmt gibt es
morgen und übermorgen noch einen,
doch den heutigen Tag,
den gibt es immer nur einmal.

Alles, was heute ist,
kann nur heute und jetzt getan werden.
Doch wann empfiehlt es sich, zu warten?
Auf morgen, auf überübermorgen, auf viel später?
Gibt es das überhaupt, das Warten?
Verschieben sich nicht in der Zwischenzeit
die ganzen Erdplatten weiter?
Dreht sich nicht alles immer immerzu?
Was genau ist das, Warten?

Heißt das einfach sitzen bleiben,
sich zu sagen: Nein, jetzt noch nicht,
nein, erst später,
halte durch,
schau dir nur die Karotte vor deinem Kopf an,
warte, bis die Schnur reißt. Warte!

Gott,

nur du weißt, wie viele Tage ein jeder von uns
im Leben zu leben hat.

Manchmal gibt es Wunder und Menschen leben
länger als gedacht. Jedoch wenn wir uns nicht wenden,
bekommen wir meist keine Extraportion Zusatztage.

Nein, dann bekommen wir von dir zwar Vorwarnungen,
dass sich die Zahl gen Ende neigt, doch wenn wir sie
nicht deuten und über sie hinwegfegen, dann gibt es
keine Extras.

Wenn wir es mit deiner Hilfe schaffen, jeden Tag
als den letzten, den einzigen Tag zu betrachten,
dann würden wir keine unendlich vielen Sondertage
beantragen.

Gott,

unterstütze uns bitte, diesen heutigen Tag genau so
zu betrachten, denn nur du kennst die genaue Zahl
unserer Tage.

Amen.

56. Eine Erzählung

Weit weg inmitten des Ozeans liegt sie.
Aus der Ferne kaum sichtbar.
Erst bei näherer Betrachtung erkennt man,
worum es sich hier handeln soll.
Ein Sandfleck im Wasser,
kaum größer als ein Fußballfeld.

Wenn überhaupt.
Nur mit dem Unterschied,
dass der Boden aus weißem Sand besteht,
welcher beim Betreten unsere Füße warm massiert.
Die Verlassenheit dieses weißen Fleckes ist spürbar.
Für solche, die auf der Suche sind, umso mehr.
Hier, wo sich Naturschönheit und Einsamkeit treffen,
gilt es, sich zu entscheiden.

Was wird aus alledem, aus dem Leben?
Wie sollen die Dinge, Ereignisse betrachtet werden?
Wie kann man die Schönheit überhaupt sehen,
begreifen? Wie kann man sie festhalten?

In seinem Herzen einschließen für die Ewigkeit?
Wie kann man so einen Moment wieder loslassen,
damit er einem nicht den Verstand raubt,
das Leben in der Gegenwart lässt?

Herr,

wir können alle Geschichten erzählen,
nicht die aus Büchern,
nein, unsere eigenen Geschichten.
Jedes Leben ist voll davon
und würde wohl mehrere Bücher füllen,
würden wir sie zu Papier bringen.

Du kennst sie alle und kannst sie uns
immer wieder und wieder erzählen,
bis wir den Sinn dahinter sehen können,
Ich hoffe nur, du hast Zeit, sie uns
immer wieder und wieder zu erzählen,
denn wir sind weder Meister im Zuhören
noch im Entdecken des tieferen Sinnes.

Doch dir neue Geschichten aufzutischen,
darin sind wir gut.
Habe daher bitte Geduld mit uns.

Amen.

57. Bewegung

Lassen wir uns bewegen,
lassen wir uns provozieren,
lassen wir uns nerven vom Leben.

Damit sich bei uns etwas bewegt,
wir so andere mit bewegen, provozieren,
anregen, wenn es sein muss – nerven.

Ist das legal?
Ich sage ja.
Es passiert nur das, was passieren soll,
wir treffen nur die Menschen,
die uns bewegen sollen.

Wenn wir solche Art von Mitmenschen
wiederkehrend treffen,
genau dann sind wir noch nicht genug bewegt,
nicht genug provoziert, etwas zu ändern.
Ist das für alle gleich?

Ich sage ja.
Nur jeder entscheidet selbst,
was er mit sich, seinem Leben anstellt,
welche Geschichte er am Ende erzählen,
welche Geschichte er einmal über sich hören will.

Gott,

bring bitte Schwung in unser Leben,
wenn es geht, jedoch nicht durch Schicksalsschläge,
nein, eher dadurch, dass wir unser wahres Ich erkennen,
uns trauen, unsere Fähigkeiten entdecken zu wollen,
und dadurch, dass wir im Spiegel unsere Seelen
wiedererkennen und gemeinsam durchs Leben gehen.

Amen.

58. Perfektion

Das perfekte Essen,
 – verbrannte Bohnen im Topf – perfekt!
Das perfekte Outfit,
 – mit einem Loch an der Seite – perfekt!
Die perfekte Frisur,
 – mit fettigem Haar – perfekt!

Der perfekte Satz,
 – mit Fehlern im Wort – perfekt!
Das perfekte Bild,
 – nur auf Details sollte man lieber nicht achten –
perfekt!

Herr,

ich habe unseren Wahnsinn nach Perfektion satt,
den Wahn, dem wir uns alle unterwerfen,
ich habe ihn so satt.
Wir sind nicht perfekt!

Wir Menschen sind einfach nicht perfekt und
wir werden es auch nie sein!
Wir rennen einer Illusion hinterher, anstatt uns
mit uns – mit unserem Selbst zu befassen – mit unserer
Einzigartigkeit – mit unserer immensen Fülle.

Lass uns nicht wie dumme Hühner durch
unser Leben rennen und alles nur nachgackern.
Das haben wir nicht verdient.
So ein Leben hat keiner verdient.
So ein Leben bringt uns nicht näher an dich heran,
so ein Leben sorgt nur für eine Vereinsamung und
Begrenzung.

Lass dies bitte nicht zu.

Amen.

59. Sau gut!

Es gibt auf dieser Welt Arbeiten,
Werke, ja, reinste Kunststücke,
die sind SAUgut!

All diesen Menschen,
die sich dahinter verbergen,
sei an dieser Stelle
ein großes DANKE ausgesprochen
für die Schönheit,
die große Zuneigung, die ihr Tun verbreitet!

DANKE für die Inspiration,
selbst weiterzugehen,
weiterzuwachsen!

Danke, Herr!

Danke, dass du da bist,
danke, dass du uns beistehst,
danke, dass du uns zuhörst,
danke, dass du uns inspirierst,
danke, dass du zu uns sprichst,
danke, dass du zu uns hältst,
danke, dass du an uns glaubst,
danke, dass du uns vertraust,
danke, dass du uns hilfst,
danke für all das.

Amen.

60. Antworten

Antworten!

Ich kenne sie nicht!
Ich kenne keine Antworten
auf die Fragen, die gestellt werden!

Aber ich weiß,
alle Antworten sind schon da!
Wir hören sie nur nicht,
weil wir zu sehr im Lärm der Welt untergehen!

Herr,

kennst du die Antworten auf all unsere Fragen?

Müssen wir immer fragen,
denn sonst gäbe es ja keine Antworten,
kein Puzzle, welches sich zusammensetzt.

Ist es der Sinn, dass wir so viele Fragen stellen,
denn sonst wärest du deinen Job los, denn dann
bräuchtest du uns keine Antworten mehr zu geben.

Ist das Fragen also so wichtig?
Und somit „richtig" und alles andere als nichtig?

Doch was bleibt, wenn wir deine Antworten nicht
hören können, weil wir selbst zu laut sind?
Wie wirst du dann zu uns sprechen?
Durch Krankheiten?
Unfälle und solche Dinge?
Sind das auch Antworten?
Sind Schmerz und Hass auch Antworten?

Du siehst, wir wollen – brauchen – Klarheit.
Auch fallen uns bestimmt immer wieder neue Fragen
ein, sind wir doch wie kleine Kinder.

Amen.

61. Das Leben spüren

Was spürst du,
wenn du morgens aufwachst,
wie fühlt es sich an,
dein Leben?

Woran denkst du,
wenn deine Augen noch zu bleiben wollen,
wenn dein Körper noch in der Nacht
verweilen möchte?
Welche Gedanken stoßt dir dein Verstand
durch den Kopf?

Gott,

wir spüren nichts mehr,
sind taub und leer,
denn wir haben uns von dir abgewendet.

Doch nun kommen immer mehr von uns an den Punkt,
wo wir mehr spüren,
wo wir dich spüren wollen,
wo wir unseren Glauben wiederfinden,
uns so wieder vollkommener, genährter und
geliebter fühlen wollen.

Reiche uns doch bitte deine Hand,
wenn du diejenigen erkennst,
die wieder mehr von dir in ihrem Leben haben möchten.

Dafür danken wir dir,

Amen.

62. Was nun

Was nun?

Was machst du,
wenn das Leben an dich eine Bitte richtet?
Wenn es verlangt,
nett zu sein zu der Person vor, neben und hinter dir?

Wenn das Leben verlangt, zu helfen und zu geben?
Was nun?

Was, wenn du abends nichts mehr spürst,
weil du den ganzen Tag nur funktioniert hast.
Was, wenn du das Leben, die Liebe, die Nähe zu dir,
zu den Menschen nicht wahrnimmst?

Was, wenn sich die Leere immer mehr ausbreitet,
was, wenn du zu versinken drohst?

Was nun?

Herr,

die Rätsel, welche du in unser Leben eingebaut hast,
haben es in sich, sind komplex und lassen in uns viele
Fragen entstehen, zu denen wir nicht immer Antworten
in uns finden.

Was nun?

Fragen wir uns oft.
Was soll nun werden?
Hörst du uns fragen?

Die Fragen und auch die Antworten kennst du,
denn du kennst uns und unsere Gegebenheiten.
Du überblickst das Ganze und auch das Detail und daher:
Lass uns die richtigen Fragen stellen und die wichtigen
Antworten erkennen.

Amen.

63. Sprung nach vorn

Spring, soweit du kannst,
sooft du kannst
immer weiter,
immer weiter.
Spring,
blicke nur kurz zurück
für eine Minute der Ruhe und Reflektion.

Herr,
du stellst uns vor viele Aufgaben
oder ist das alles Zufall,
den es ja nicht gibt?

Einige von uns scheinen an ihren Aufgaben
zu zerbrechen, kommen nicht dazu, zu springen,
und wenn, dann nur auf der Stelle.
Und wenn sie zum Sprung ansetzen,
springen sie hoch, doch nicht weit.
Kommen nicht weiter, bleiben dort, wo sie sind.

Herr,
bitte schau auf diese Menschen, und wenn sie
es wollen, hilf ihnen, damit sie weiterkommen.

Amen.

64. Aufopferung

Jeder von uns hat im Leben etwas zu lernen,
etwas zu begreifen, seinen Zettel abzuarbeiten.

Seien wir uns an dieser Stelle bewusst,
wenn wir dies nicht tun, nicht erkennen,
können andere um uns herum
– ob ihnen das bewusst ist oder nicht –
nicht ihre eigenen Handlungen durchleben,
und das so lange, bis wir verstehen,
was wir selbst zu tun haben!

Herr,

du opferst dich für uns,
du bist da für uns und wir?

Wir sind nicht da für diejenigen, die uns brauchen,
wir sind ja nicht einmal da für uns selbst,
wenn unser Körper und unsere Seele
uns am meisten brauchen.

Dann sind wir nicht da.
Doch du bist da und lässt deine Augen nicht von uns,
bist bei uns, sprichst zu uns,
leidest bestimmt auch oft mit uns,
so wie Eltern, wenn ihrem Kind etwas passiert.

Deine Aufopferung für uns ist spürbar,
und viele berichten von der Heimkehr zu dir,
als sie im tiefen Tal ihrer Lebensreise angekommen sind.

Herr,

danke für deine Opfer.
Einst opferten wir dir so vieles,
heute in der Zeit des Vergessens
sind oft nur deine Opfer sichtbar.

Amen.

65. Herbst

Wir befinden uns im Herbst,
der Sturm wirbelt alles auf,
die Sonne verschwindet hinter den Felsen.

Die Wucht der Wörter prallt am Körper ab,
alles wird aufgesaugt,
ist so noch nie gewesen,
wird so auch nie mehr sein.

Wörter aus dem Inneren ans Licht geholt
und wieder in die Innereien gedrückt.

Emotionen aus dem Herzen gesprochen,
aus der Seele gesungen,
durch die Winde des Lebens gepeitscht
und wiedergefunden.

Herr,

es neigt sich alles zum Ende,
es wird ruhig in uns,
wir kommen wieder bei uns an,
kommen zu uns,
zur Freude,
zur Ruhe,
zur Gelassenheit.

Ist das dein Werk,
deine Absicht im Herbst?

Sollen wir dem Zyklus der fallenden Blätter folgen,
um im neuen Jahr wieder erblühen zu können?

Sind das deine Absichten?
Dann folgen wir dir und dem Herbst.

Amen.

66. Was schon immer war!

Aufstehen und nicht sitzen bleiben,
Stimme erheben, wo andere verstummen,
losgehen,
auch wenn das Ziel nicht immer gleich klar ist.

Finger in die Wunde legen,
anstatt sie zu überdecken,
nachfragen, nachdenken,
Ungerechtigkeit nicht hinnehmen,
Nein und nicht immer nur Ja sagen!
Ach Herr,

mein Geist ruht nicht,
mein Geist dreht sich immer nur.

Ach Herr,

die Stimmen, die Gedanken,
sie sind mir zu viel,
sind mir einfach zu laut.

Ach Herr,

ach lass mich etwas ausruhen,
nur etwas verschnaufen,
nur ein ganz wenig Abstand bekommen.

Ach Herr,

ich glaube, mir wird das alles zu viel,
zu viel, was sich aufstaut, anstaut
und einfach nicht weniger wird.

Ach Herr,

sieh, wie mein Herz und meine Seele sich bemühen,
schenke ihnen doch etwas Ruhe.

Amen.

67. Gedankengut

Sie kreisen um einen herum
ganz flüchtig,
meist nicht von Dauer,
doch so sehr bedeutend,
so voller Power.

Herr,

erbarme dich unser,
erbarme dich unserer Gedanken,
erbarme dich unserer Ideen,
erbarme dich unserer Gefühle,
erbarme dich unseres Verstandes,
erbarme dich unserer Worte,
erbarme dich unserer Taten,
denn wir wissen oft nicht, was wir tun.

Herr,
erbarme dich unser.

Amen.

68. Gesehen und gesehen werden

Auf dem Weg
wird man gesehen und sieht,
sieht einiges und manches zu viel,
versteht etwas und doch nie das Ganze.

Auf dem Weg
versucht die Welt einen zu sehen,
einzuordnen, was sie sieht,
zu verstehen, was geschieht,
um am Ende das Bild zu ertasten.

Herr,

siehst du uns?
Wie siehst du uns?
Als das, was wir sind?

O Gott,
ich hoffe nicht.

Ich würde nicht hinsehen wollen,
wenn ich uns sehen würde müssen.
Ich würde lieber die Natur betrachten,
bloß nicht sehen, bloß nicht hinsehen,
was wir Menschen tun. Bloß nicht, alles, nur das nicht.
Doch, Herr, genau das machen wir Menschen ja, oder?
„Bloß nicht hinsehen!"
Nicht zu dir nach oben,
nicht zu unseren Nächsten.

Ach, bloß nicht.

Bloß nicht sollten wir so werden.
Bloß nicht solltest du uns so sehen müssen.
Bloß nicht.

Amen.

69. Ausblick

Worauf blickst du, wenn du hinausblickst?

Was ist es,
was dir Tag für Tag deine Sicht nimmt oder gibt?

Ist es ein weiter Blick ins Unendliche,
in die Ferne,
wo alles möglich ist,
in den Himmel,
mit seinen so verschiedenen Ansichten,
in die Wärme der Natur,
in die greifbare veränderbare Zukunft?

Was kannst du erkennen?

Herr,

schauen wir gemeinsam zu dir hinauf,
hinauf in eine Welt, die so anders ist,
so anders sein kann.

Eine Welt, die so bunt, so fröhlich ist,
so voller Freude und Spaß.

Eine Welt, die Leichtigkeit kennt,
Hoffnung und vor allem eines, Glaube.

Schauen wir gemeinsam zu dir hinauf,
hinauf in diese Welt, die so anders ist,
so anders sein darf.

Dafür danken wir dir.

Amen.

70. Lust

Heute ist es Lust,
bei manchen morgen schon Frust,

doch der Ausgang war die Lust,
war das Wollen und nicht Sollen,
war die Energie,
die Power,
war eine gedachte Lebensdauer.

Herr,

die Lust, die uns umzingelt,
ist die Lust nach schönen Dingen,
schöne Dinge, die du geschaffen,
die du in unser Leben gegeben hast.

Nun folgen wir der Lust,
verlieren uns darin,
doch wo wurde aus Lust eine Sucht?
Warum empfinden wir die Lust
überhaupt als eine Sucht,
warum verschieben wir die Lust
auf die andere Seite,
die Seite, die nicht mehr frei ist.

nicht mehr frei entscheidet,
ist doch die Lust der Beginn von allem.
Kannst du die Lust wieder ins rechte Licht rücken,
sodass vieles verschwinden kann,
was aus verrückter Lust entsteht?

Das würde uns Menschen vieles ersparen.

Amen.

71. Auf ein Neues!

Jeder Tag fängt bekanntlich am Morgen an,
das ist nicht gerade die größte Erkenntnis dieser Welt,
– oder doch?

Denn jeder Tag beginnt nach dem Erwachen
von Neuem.

Alles, was gestern war,
gibt es so nicht mehr,
ist so nicht mehr greifbar
oder noch einmal erlebbar.

Alles kann neu überdacht,
mit einem anderen Blickwinkel betrachtet werden.
Sogleich gibt es Momente, die fesseln uns stark,
halten uns fest an Getanes und Gesagtes.

Doch auch Fesseln lassen sich lösen
und mit kleinen Bewegungen öffnen.

Herr,

wir bekennen uns
manchmal oder sogar öfter zu dir.
Doch könnten wir es auch jeden Tag aufs Neue?

Herr,

öffne uns die Tür zu dir,
mach uns bitte den Weg leicht,
sodass wir jeden Tag auf ein Neues
unseren Glauben stärken
und jeden Tag auf ein Neues
bei dir ankommen können.
Dafür danken wir dir.

Amen.

72. Vergebung

Vergib dir und
deinen Nächsten!

Doch worum geht es hier eigentlich?
Kann man sich nicht nur selbst vergeben,
sich vergeben,
dass man sich in diese Umstände gebracht hat?

Denn jeder trägt seinen Teil dazu bei,
dass Dinge in seinem Leben passieren,
bei denen er später glaubt,
er müsse dies dem anderen vergeben.

Herr,

welches schwere große Wort
legtest du einst in unser Gewissen.

Wir vergeben ... so fängt alles an.
Doch, Herr, das fällt uns oft so schwer.
Wir vergeben ja nicht einmal uns selbst,
wie sollen wir dann anderen etwas vergeben?
Wir reden alle viel, doch bei diesem großen Wort
wird es sehr ruhig um uns herum.
Vergebung.

Üben wir das gemeinsam mit dir,
vielleicht fällt es uns dann leichter,
uns und unseren Mitmenschen zu vergeben.

Amen.

73. Vertrauen Teil 2

Die Basis von allem.
Vertrauen.
Vertrauen, dass die Dinge so geschehen sollen,
wie sie passieren.

Vertrauen,
dass die Menschen um einen herum
keine schlechten Absichten haben,
vielleicht nur gerade nicht mehr sehen.

Vertrauen,
dass es Gutes und auch gut Gemeintes im Leben gibt.
Vertrauen,
dass die Wörter, die gesagt werden,
echt und ehrlich gemeint sind.

Vertrauen,
dass zusammen mehr geht als allein.
Vertrauen, dass in jedem mehr steckt,
als er zeigen möchte.
Vertrauen
in sich selbst und seine Gefühle.
Vertrauen.

Herr,

du vertraust uns,
das spüren wir,
du vertraust uns,
das fühlen wir,
du vertraust uns,
das sehen wir,
du vertraust uns,
das erleben wir,
und dafür danken wir dir.

Amen.

74. Durcheinander

Links anstatt rechts,
oben, wo doch unten gewünscht wurde,
laut, wo leise angebracht wäre,
dunkel und nicht hell.

Alles folgt einer Linie,
ausgesucht vom eigenen Selbst,
irgendwann,
ob bewusst oder eher gefolgt.

Ist das Durcheinander dann erkannt,
beim Namen genannt,
folgen die Fragen,
die Suche nach dem Vertrauten,
der zwei Seelen in einer Brust.

Herr,

wir sind durcheinander,
das ist wohl das passendste Wort.
Ja, wir sind durcheinander.

Was sollen wir glauben?
Wem sollen wir folgen?
Einige wenden sich zu dir,
viele wenden sich von dir ab.

Doch warum?
Was bringt es uns, sich von dir abzuwenden?
Wohl nur noch mehr durcheinander,
daher gibt es wohl überhaupt erst
all dieses Durcheinander.

Dann sind also wir es,
die für mehr Ordnung sorgen könnten,
wenn wir uns alle wieder mehr
an dich wenden würden?
Dann wünsche ich uns allen einen sanften Einstieg.

Amen.

75. Am Ende

Es geht zu Ende,
und erst dann wird die Umgebung wach,
wird man selbst wach,
versucht zu begreifen, dass etwas zu Ende geht,
weil jemand geht,
sich aufmacht in ein anderes Land.

Es bleibt vieles zurück,
ein großes Stück vom gelebten Glück,
von Gedanken und Emotionen.

Am Ende verändert sich einiges,
vieles wird klarer, offener, gesagter
und umso vertrauter.

Herr,

wir Menschen brauchen wohl immer eine Wand,
eine Deadline, die uns aufwachen lässt,
damit wir begreifen,
dass es so etwas wie ein Ende gibt.

Wenn wir ein Datum vor Augen haben,
tauchen in uns Kräfte auf, die wir nie erahnt hätten.
Ist das nicht komisch?

Ohne diesen Punkt scheinen wir Menschen
nicht loslegen zu wollen.

Wer weiß?

Setz uns doch einfach einen Punkt,
denn dann würden wir endlich losgehen.
Einfach einen kleinen Punkt
inmitten unseres Lebens.

Und schon würde so vieles in Fluss kommen.

Herr,

bitte schenk uns einen Punkt.

Amen.

76. Das Theaterstück

Vorhang auf:

Das Publikum hört zu,
doch

verkennt die Dramatik,
verkennt das ganze Ausmaß,
verkennt die Wörter,
verrennt sich in Gedanken und eigenen Wörtern,
die nichts bringen,
wenn man das Ganze nicht erkennt,
es nicht beim Namen nennt!

Herr,

findest du uns eigentlich lustig?
Unser Theaterstück auf Erden,
ist das noch unter Humor zu verbuchen?
Ich bin mir nicht sicher.

Was uns fehlt, uns allen,
ist Humor, Spaß und Freude,
ist Leichtigkeit und Lust.

Wir leihen dir einen Stift und ein Blatt Papier
und schon kannst du unser Theaterstück
umschreiben in eine lustige Komödie.
So haben wir alle mehr zum Lachen.

Amen.

77. Kreise

Das Leben bewegt,
das Leben geht,
das Leben steht,
vor allem dann,
wenn sich nichts bewegt,
nichts mehr geht.

Wobei,
was passiert, wenn das Leben steht?
Wir das Gefühl bekommen,
es muss sich doch alles einfach nur weiterdrehen,
drehen im Kreis,
bis sich die Enden wieder schließen,
der Kreis den Sinn ergibt,
den Sinn, der verloren ging
beim Immer-weiter-Gehen,
beim Sich-Drehen-um-sich-selbst,
anstatt in anderen Kreisen,
anstatt auf Reisen.

Herr,

schließen wir die Kreise,
die sich aufgetan haben, zwischen uns,
schließen wir die Kreise,
damit es keine Lücken mehr gibt zwischen uns,
schließen wir die Kreise,
damit es kein Getrenntsein mehr gibt zwischen uns,
schließen wir die Kreise für ein Miteinander.

Amen.

78. Angenehme Müdigkeit

Nun bin ich müde,
nun ist meine Stimme ganz leise,
nun kann ich zuhören,
gelassen reagieren,
sanft agieren,
anstatt zu argumentieren.

Nun bin ich müde,
nicht müde, um weiterzugehen,
aber dennoch müde, um immer wieder
dagegen anzugehen.

Nun bin ich müde,
doch gleichzeitig bei mir selbst angekommen
und zugleich dem Alltag entkommen.

Herr,

schlafen ist out,
das ist dir bestimmt schon aufgefallen,
denn durch unser Wachsein
hast du bestimmt mehr zu tun.

Müde zu sein,
gestresst zu sein, das ist in,
das ist dir bestimmt auch schon aufgefallen,
denn durch unseren Stress
hast du bestimmt mehr zu tun.

Dabei kommt mir die Frage:
Denkt eigentlich auch jemand von uns an dich?
Klar, du sollst immer für uns da sein,
die „24 Stunden, 7 Tage die Woche"-Betreuung liefern,
doch ist dir das überhaupt recht?

Ist deine Liebe zu uns denn so grenzenlos?
Bis wir von dir Antworten bekommen,
buchen wir bestimmt weiterhin
das Rundum-sorglos-Paket.

Hab bitte Verständnis,
schließlich sind wir es, deine Menschen.

Amen.

79. Gib auf

Lass es sein,
höre auf, lebendig zu sein.
Lausche den anderen um dich herum,
sprich alles nach,
hinterfrage nichts,
kommentiere nichts,
ändere nichts
und
bleib so für immer.

Herr,

in einem sind wir Menschen nicht gut,
dann, wenn es um unser Leben geht,
fällt es uns echt schwer, aufzugeben.

Wenn es um Leben und Tod geht,
dann kämpfen wir, dann geben wir alles.
Also das können wir, das können wir richtig gut.

Diese Lektion haben wir verstanden,
somit könnten wir zur nächsten übergehen,
zu der Lektion, wo wir in Frieden leben.

Wann hast du Termine frei?
Nenn sie uns doch bitte.

Amen.

80. Kostbarkeit

eine Minute
eine Stunde
ein Tag
ein Jahr
eine Liebe
ein Freund
eine Familie
eine Erde
eine Natur
ein Leben

Herr,

du bist kostbar. Das steht außer Frage.
Nur fangen wir mit deiner Kostbarkeit recht wenig an.

Kostbarkeiten definieren wir eher noch in Karat
und Barren von Gold. Alles Dinge, die endlich sind,
nichts mit Unendlichkeit und der Weite des Lebens
zu tun haben.

Doch wir sind ja lernfähig, wandelbar und
natürlich auch kostbar, im Spiegel deiner Größe.

Halte uns, wo immer es geht, diesen Spiegel vor Augen,
damit wir uns und die wahren Kostbarkeiten erkennen.

Amen.

81. Herz

Im Herzen,
da liegt alles begraben,
vergraben, mit Staub überdeckt,
unsichtbar,
nicht spürbar.

Vergessen
Im Herzen,
da liegt unser Schatz,
behütet,
beschützt,
warm und sicher.

Für alle Ewigkeit
Im Herzen,
da liegt ein Teil von uns,
sicher,
vollkommen,
rein
und für uns bestimmt.

Herr,

dein Herz ist riesig, von einer Größe, die wir uns kaum
vorstellen können, unendlich wie das Universum,
vollkommen wie ein Gemälde, rein wie die Natur.

In deinem Herz ist Platz für jedermann,
der zu dir kommen mag, der dir zuhören möchte.

Dies ist ein Angebot, welches ein Leben lang gilt, egal,
in welchen Situationen wir uns befinden.

Dies ist ein Angebot, einmalig, für uns bestimmt.

Herr,

dafür möchten wir dir danken,
heute und in alle Ewigkeit.

Amen.

82. Leben

Leben,

der Beginn ist das eine,
das andere,
das Größerwerden,

schließlich
kommt die Zeit des Reifens,
die Zeit, die eigentlich zählt,

gefolgt vom Moment,
wo es still um uns herum wird,
der Körper ganz leise
den Atem anhält,
die Augen zufallen
und das Herz ein letztes Mal schlägt.

Das ist das Leben
von Beginn
bis zur Ewigkeit.

Herr,

du bis das Licht, die Auferstehung und das Leben.
So heißt es. So ist es.
So muss es sein. Denn viele Projekte lässt ein jeder
von uns hier auf der Erde zurück.

Es muss ein Leben geben, ein Leben,
welches weitergeht, welches weiterlebt,
welches unsere begonnenen Projekte
zu Ende bringt.
So muss es sein, denn du, Herr, bist das Licht,
die Auferstehung und das Leben.

Amen.

83. Nebel

Noch ist alles sichtbar,
doch dann,
schleichend, kommt er näher,
bis er uns umschließt,
wir nicht mehr wissen, wo wir sind,
nichts mehr sehen,
weder links noch rechts,
nichts mehr fühlen
außer die Feuchtigkeit,
die uns umschließt.

Wir können nichts tun,
sind gefangen im Nebel,
umschlossen,
eingeschlossen,
nur das Licht
und die Wärme können uns helfen.

Herr,

was sollen wir tun, wenn wir im Nebel gefangen sind,
nichts mehr sehen, nichts mehr fühlen, außer die Kälte,
die uns umgibt.

Was können wir tun, um wieder Wärme zu empfangen,
Heiterkeit und Freude?

Sollen wir zu dir hinaufschauen?
Unserem Herzen folgen? Bis sich der Nebel verzieht
und wir wieder klar und deutlich sehen können?

Der Nebel ist wohl weniger das Problem,
eher der Umgang damit.
Daher lass uns sicher an unser Ziel kommen,
dafür danken wir dir.

Amen.

84. Wasser

umhüllt
spült meine Gedanken weg
kühlt
lässt mich gleiten
bewegt
fließt mit mir davon

Herr,

dieses Elixier der Lebendigkeit,
der Erneuerung, des Lebens, erschaffen,
so unendlich wertvoll, kostbar und rein.

Herr,

lass uns erkennen, in welchem Reichtum
wir geboren sind, welche Fülle uns umgibt,
welche Schönheit wir damit hervorbringen können.

Herr,

lass uns in deinen Fluss eintreten, ihm folgen,
bis wir bei dir sind.

Amen.

85. Seelenpflege

Pflegen tun wir so vieles,
unsere Wohnung,
unsere Kleidung,
unser Auto,
dies und das,
alles sehr wichtig.
Doch das,
was wir sind,
pflegen wir wohl nie.

Herr,

unsere Seele, die Verbindung zwischen uns und dir,
die doch einst so rein war, verstaubt, wenn wir uns
nicht zu dir wenden.

Du und das Leben schaut bei uns vorbei.
Gemeinsam klopft ihr an unsere Türen, streift mit
dem Finger über die staubigen Ablagen,
zeichnet Schriften hinein, Zeichen für uns zum Lesen,
zum Erkennen der Dinge um uns herum.

Herr,

sei bitte an unserer Seite,
wenn der Staub aufgewirbelt wird.

Dafür danken wir dir.

Amen.

86. Geburt

Auf geht es ins Leben,
es wartet auf uns,
darauf, dass wir dazulernen,
dass wir lieben,
dass wir sehen und fühlen,
dass wir die Füße auf den Boden setzen,
die Welt erkunden,
sie bereisen,
uns vereinen
und wieder von ihr gehen.

Herr,

die Kreise schließen sich, so ist es gedacht,
so ist der Plan, so ist der Lauf der Dinge, so ist es.
So wird es immer bleiben, nur was änderbar ist,
sind wir, wir mittendrin, wir mit dir vereint, wir,
die wir leben können, dürfen, von Geburt an.

Herr,

begegne uns, immer und immer wieder, hier, dort
und überall, in guten und vor allem in schlechteren
Zeiten, in Liebe und im Hass. Begleite uns auf dem Weg,
den wir zu gehen haben, von nun an und in alle Zeit.

Amen.

87. Himmel

Was bist du?
Wer bist du?
Was willst du uns sagen?
Was suchen wir bei dir?
Wozu brauchen wir dich?
Warum wechselst du so schnell dein Gesicht?
Bist nie gleich!
Du bist nie greifbar!
Nie spürbar!
Bist einfach nur da!

Herr,

du bist der Himmel über uns. Bist da wie die Luft,
die uns umgibt. Wir können dich einatmen, du kannst
dich in uns ausbreiten, hindurchströmen und uns auch
wieder verlassen.

Du kannst kommen und gehen, wie die Ebbe
und die Flut.
Du bist immer da und wenn wir es so wollen, nicht nah.
Haben wir das verinnerlicht?

Verstanden, dass deine Einladung offen und ohne
Zwang ist?
Ohne Müssen und Sollen, ohne Richtig und Falsch.

Danke, dass du vom Himmel aus über uns wachst,
deine Augen und Ohren offen sind für unsere Bitten
an dich.

Amen.

88. I'm sick of running

Es reicht,
es ist genug.
Ich beschließe, ich bin angekommen,
angekommen genau dort,
wo ich schon immer stand,
in meiner eigenen Haut,
ich bin angekommen.

Herr,

Stopp, Halt, lass uns eine Pause machen.
Nicht, weil wir schon gemeinsam sehr weit
gekommen sind, nein, eher, weil wir uns noch g
ar nicht weiterbewegt haben.

Ein tägliches Gebet zu dir gibt es noch nicht,
von einem regelmäßigen Gespräch mit dir
sind wir ebenso noch weit entfernt.
Daher lass uns anhalten und innehalten,
schauen, warum wir uns wehren wie ein kleines Kind.

Herr, erst wenn wir diese Frage geklärt haben,
erst dann lass uns weitergehen,
gemeinsam, im Gebet und Gespräch.

Amen.

89. Der Fall nach oben

Ich bin gefallen,
tiefer und tiefer nach oben,
in die einzige Richtung, die es gibt,
die irgendwie immer geht,
ob gut oder schlecht,
denn jeder von uns kommt oben an.

Gott,

bitte fang uns auf, wenn wir zu fallen scheinen,
wenn wir denken, es gibt keinen Ausweg mehr,
bitte nimm uns in diesen Stunden an deine Hand,
wenn wir glauben, dass du uns verlassen hast,
bitte hauche uns neuen Atem ein,
wenn wir fühlen, dass wir von innen heraus
vertrocknen, bitte öffne unsere Augen,
wenn wir dich nicht mehr sehen können.

Gott,

dafür danken wir dir von Herzen,
und im Falle, dass wir uns nicht erkenntlich zeigen,
nimm es uns nicht übel,
denn wir wissen oft nicht, was wir tun.

Amen.

90. Schrei

Wir schreien uns die Seele aus dem Leib,
so lange, bis wir unsere eigene Stimme
nicht mehr hören,
nicht mehr hören, worum es eigentlich ging,
aber Hauptsache, wir schreien,
obwohl es keiner hören will.

Herr,

wir sind so laut, dass wir selbst aufpassen müssen,
dass wir nicht taub werden, doch sagen tun wir nichts
wirklich Wichtiges.

Kaum ein Wort von dir verlässt unsere Lippen,
und wenn doch, dann sind es Sprüche wie
„um Gottes willen" oder „o mein Gott".
Zum Glück haben wir dich so in unseren
Alltag vereint. Passend zu unserem Geschrei
folgst du oft in einem Atemzug.

Es wäre schön, wenn uns dies bewusst werden würde
und wir uns in den Momenten des Schreiens an dich
wenden und an deine Worte erinnern würden.
Damit wir uns vom Geschrei lösen und zu dir finden
können.

Hab Dank für deine Worte,
die wir so dringend brauchen.

Amen.

91. Alkohol

Alkohol,

bist du dir bewusst, welche Macht du hast,
welchen Einfluss du jeden Tag tausendfach nimmst,
welche Taten durch dich entstehen,
welche Fehler begangen werden?

Sind wir uns bewusst, welche Macht wir dir geben?

Eine Macht über Leben und den Tod.
Eine Vollmacht über uns selbst.

Gott im Himmel,
Gott auf Erden.

Wir sind aus Fleisch und Blut,
meist schwach, wenn es um unsere Laster geht,
meist willenlos, wenn wir Nein sagen sollten,
meist blind, wenn wir die Augen weit geöffnet brauchen,
meist gedankenlos, wenn Entscheidungen gefragt sind.

Gott im Himmel,
Gott auf Erden,

die Kraft kommt von dir, aus deinem Glauben,
aus deiner Hoffnung, aus deiner Liebe.

Wenn wir sie erkennen, werden die Taten,
die durch Alkohol entstehen, weniger werden können,
daher öffne uns doch die Augen.

Aktiviere unser Fleisch und Blut, damit wir uns auch
auf Erden wie im Himmel fühlen können, auch ganz
ohne Alkohol.

Amen.

92. Tiefe

Vielschichtige unendliche Weite,
komplexe undurchdringliche Breite,
was uns erwartet, ist das,
was auf uns wartet,
doch selten gesehen wird
mit den Augen des Alltags.

Gott,

deine unendliche Tiefe und Breite, Fülle und
Unendlichkeit sind für uns bestimmt, doch manchmal
zu groß, zu ungreifbar, zu fassbar für jedermann.

Verstehen wir dich? Können den Grund erkennen?

Wenn wir die Tiefe deines Glaubens erkennen sollen,
gib uns bitte die Mittel und Wege dafür, sodass wir dir
folgen können, in jene Tiefe des Lebens, die für uns
vorbestimmt ist.

Amen.

93. Glaube

Das ist das Eine,
das Andere,
das Richtige,
das Falsche,
das, was es scheint, zu geben,
das, was keiner sieht,
das ist das Tiefe,
das große Ganze,
die Vollkommenheit.

Gott,

was wärest du ohne den Glauben?
Wir trennen dich nicht davon, wenn es um
den Glauben geht, bist du immer mit dabei,
wirst erwähnt, wirst zitiert, wiedergegeben,
und es wird versucht, dich irgendwie zugreifen,
zu fassen und sichtbar zu machen.

Du weißt, dass wir Menschen alles erklären wollen
und oft auch müssen, daher hast du uns wohl
das schwierigste aller Dinge in die Hand gegeben:
deinen Glauben.
Daher lass uns deinen Glauben finden und
ihm folgen – bis zu deiner Tür.

Amen.

94. Über uns

Über uns ist so viel mehr,
so viel, keiner kann es sehen,
kaum einer erfühlen,
kaum einer erreichen,

daher,
kaum einer macht sich auf den Weg dorthin.

Herr,

du bist über uns und zugleich auch unter uns,
wenn wir zu dir beten, wenn wir an dich denken
und uns mit dir unterhalten.

Herr,

du bist ein Teil von uns, denn wenn es dem Ende
zugeht, spätestens dann fragen wir uns, wo geht
es weiter für uns?
Was genau das über uns sein kann, das fragen wir uns
oft, wird es uns doch so bunt und schön beschrieben.
So groß und unerreichbar, dass wir uns lebendig
kaum dorthin trauen.

Herr,

nimm uns schon heute in die Nähe von dir,
lass uns erkennen, dass über uns viel Freiheit ist,
die wir gemeinsam mit dir ergründen können.

Hilf uns bitte dabei, den Raum über uns zu ergründen.

Dafür danken wir dir,

Amen.

95. Die Aussaat

Ich habe gesät,
zuvor sehr gut ausgewählt,
was wachsen und gedeihen soll
auf meinem Acker der Zukunft.

Ich gieße täglich,
auch wenn es nur kleine Tropfen sind,
schaue gut zu, was dort aus dem Boden entsteht,
erlebe die Wunder der Natur,
die in uns allen ruhen.

Gott,

es ist an der Zeit, in uns Neues zu säen.
Wir selbst tun uns da oft schwer, lassen wir uns
doch aktuell von so vielen unwichtigen Dingen
leiten und blenden.

Daher ist es an der Zeit, in uns Neues zu säen,
frische und neue Gedanken entstehen zu lassen,
die die dunklen und unnützen Ideen überwuchern,
damit wir uns von Innen erneuern.

Gott,

es ist an der Zeit, in uns Neues zu säen.

Amen.

96. Weichheit

Wir können weich sein,
weich sein für uns selbst,
weich sein für alle um uns herum,
weich für das Leben,
weich in Herausforderungen,
weich in allem,
wir können weich sein.

Gott,

wir können deine Weichheit fühlen,
wir können deine Liebe spüren,

Gott,

wir können deine Freude erleben,
wir können über deinen Humor lachen,

Gott,

wir können deine Leichtigkeit sehen,
wir können dein Verständnis erkennen,

Gott,

wir können uns so unendlich oft mit dir verbinden,
dafür danken wir dir.

Amen.

97. Ein weicher Glaube

Unser weicher Glaube ist alles,
was uns sanft umgibt,
fein umspült,
sanft leitet,
zart unseren lebendigen Weg aufzeigt,
der uns allen guttut,
unser weicher Glaube ist etwas,
was mehr Raum bekommen darf.

Gott,

wenn wir wählen dürften,
wir sollten eine Portion mehr Glauben für uns wählen,
einen weichen Glauben,
einen Glauben,
der uns unsere Größe erkennen lässt,
einen Glauben,
der uns begleitet bei jeder einzelnen Frage,
die uns bewegt,
einen Glauben,
der direkt von dir kommt, ganz rein und unverfälscht.

Gott,

wenn wir wählen dürften, sollten wir wählen,
oder was meinst du?

Amen.

98. Teilen

Ich teile mit dir,
denn mir gehört nichts,
ich habe zwar Geld erworben,
doch auch das gehört nicht mir,
sondern dem Kreislauf dieser Welt.

Ich teile mit dir,
denn mir gehört nichts,
alles, was ich habe, ist dazu da,
an einer anderen Stelle seinen Beitrag zu leisten,
wieder losgelassen zu werden.

Ich teile mit dir,
denn mir gehört nichts,
wenn mir etwas gehört, dann bin ich es,
meine Persönlichkeit, das, was mich ausmacht,
aber auch das ist zum Teilen da,
zum Teilen mit dir,
in jedem Augenblick, in denen sich
unsere Gedanken verbinden.

Ich teile mit dir,
denn mir gehört nichts.

Gott,

ein Teil von uns ist immer bei dir,
ob wir es nun zugeben oder nicht.

Wir teilen unser Leben,
wohl mehr, als wir es uns eingestehen wollen,
mehr, als wir sehen können,
doch du bist unter uns, und wir teilen mit dir
unsere Gedanken, unsere Gefühle und Emotionen.

Gott,

wir sind ein Teil von dir und dafür danken wir dir.

Amen.

99. Wer du wirklich bist

Weißt du, was wirklich in dir steckt,
weißt du, was deine Oberfläche alles verdeckt,
verheimlicht,
ablenkt von dem, der du bist,
der du schon immer warst,
auch wenn du es nicht siehst,
doch immer sein wirst.

Du kannst dich sehen
und sogleich viel besser verstehen,
wenn deine Augen nicht blind sind,
du wieder ein Kind bist,
innen groß und voller Hoffnung,
mit deinem Glauben – dass du es schaffst,
mit deinem Mut – dass du dich traust,
mit deiner Liebe – denn du kennst noch nichts
Anderes.

Ach Herr,

ich würde so gerne ich sein,
mir zeigen, was ich kann,
was in mir steckt.

Ach Herr,

ich würde mich so gern trauen,
tief an mich glauben,
an dich glauben,
an unser Band, welches uns verbindet,
welches uns nie trennen wird.

Ach Herr,

ich würde so gern das sein, was ich kann,
so sein, wie meine Seele mich gedacht hatte,
gerne meiner Berufung folgen.
Herr, ich würde gerne ich sein.

Amen.

100. Hilfe

Hilfe, o bitte, hilf mir doch,
lass mich das nicht allein tun,
ohne Hilfe schaffe ich es nicht,

und doch, es geht,

es geht, weil die größte Hilfe du selbst bist,
du selbst mit deinem Vertrauen zu dir,
gefolgt von der Hilfe, die du annimmst,
gefolgt von der Hilfe, die zu dir kommt.

Gott,

deine Hilfe ist groß.

Und am Ende kommen mir die Worte bekannt,
vertraut vor.
Doch haben wir sie auch verstanden, verinnerlicht,
aufgesaugt und verstanden, dass der Wandel
in uns beginnt?

Gewiss mit dir, Herr, an der Seite, doch in uns beginnt,
denn wir alle sind Menschen, sind ein Volk,
welches zusammengehört.

Haben wir all das schon verstanden?

Wenn nicht, weiß ich, du wirst an unserer Seite sein,
uns immer und immer wieder daran erinnern.
Dafür gehört dir unser aller Dank,
ob wir es nun verstehen oder nicht.

Amen.

101. Das Papier, welches auf den Boden fällt

Ich drehe mich,
da, ein Geräusch, welches mich aufweckt,
sehe, wie die Hand
es gerade noch hält,
doch dann fällt es zu Boden,

es fällt.
Einfach so,
ohne dass es bemerkt wird,
nur von mir.

Ich beobachte weiter,
ich lasse es wirken,
denn die Hand gehört keinem Kind,
die Hand gehört einem Mann,
der ist schon älter.

Er wird, näher betrachtet, bald gehen,
doch das Kind, welches ihn hierherbrachte,
das lebt noch lange weiter mit dem Papier,
welches auf den Boden fällt.

Herr,

wir fallen, fallen ganz tief.
Kommen auf dem harten Boden der Realität an,
auf dem Boden, den wir uns selbst erschaffen haben.

Herr,

unsere Wunden sind sichtbar, bluten,
heilen nicht und tun weh.

Herr,

das ist kein Anblick, nicht für dich, nicht für uns,

Herr,

wir müssen etwas tun,
wir zusammen können etwas tun,
wir dürfen nicht ruhen,
bis das letzte Stück Papier wieder dort ist,
wo es sein sollte,
wo es hingehört.

Amen.

Dein Glaube ist in Dir!

Über die Autorin

2015 trat ich meine Reise als Autorin an. Eine Reise und oft auch ein Abenteuer, bei dem ich nicht im Geringsten ahnte, wohin es mich führen wird.

Erst entstand ein Buch. Ganz naiv und einfach so habe ich es veröffentlicht. Dann folgte ein zweites und jetzt sind es über dreizehn Bücher, die ich herausgegeben habe. Und es werden noch mehrere Bücher kommen, denn das Schreiben lässt mich nicht los.

Ich träume davon, dass ich schreiben soll. Eine unsichtbare Hand schiebt mich immer dann nach vorn, wenn ich mal wieder eine Weile nicht geschrieben habe. Diese Hand ermahnt mich sanft, diesen Weg immer weiterzugehen, egal wohin er führen mag.

Daher, wir wissen nie, was das Leben mit uns vorhat, doch wenn wir uns darauf einlassen, dürfen wir oft Spannendes erleben.

Dank meiner Bücher kann ich dich heute auf vielen Ebenen inspirieren, ich kann meine Gedanken mit dir teilen und sie zugleich in die Welt tragen. So kann ich das leben, was mein Herz sich wünscht.

Heute begleiten mich die verschiedensten Menschen auf meinem Weg und du bist jetzt einer davon. Denn durch die Zeilen in meinen Büchern sind wir verbunden. Die Worte sprechen zu dir, so als wenn ich sie dir direkt erzählt hätte.

Egal wo ich lebe und noch leben werde, das Schreiben wird etwas sein, was ich überallhin mitnehme. Es wird mich wohl bis ans Ende meiner Tage begleiten. Und das ist gut so, denn so inspiriere ich Menschen nicht nur zum Lesen, nein, viele Menschen habe ich auch dazu inspirieren können, ihr eigenes Buch zu schreiben. Du musst wissen, sein eigenes Buch zu schreiben, das ist ein ganz besonderer Prozess und zugleich eine sehr schöne Erfahrung.

Daher, wir wissen nie, was das Leben noch alles mit uns vorhat!

For a better life
Bettina Gronow

Buchempfehlungen

Bettina Gronow

AN 365 TAGEN

Dein Tagesbegleiter
in deutsch.

Greife nach den Sternen
am Himmel anstatt nach
den Steinen am Boden.

Bettina Gronow

365 TAGE
LEBENSENERGIE

Dein Tagesbegleiter
in 4 Sprachen.

Greife nach den Sternen
am Himmel anstatt nach
den Steinen am Boden.

Bettina Gronow

Seelenfrequenz Verbindung

Dein Leben verbunden mit deiner eigenen Frequenz.

Ich zeige dir in diesem Buch, wie du dich mit deiner Seelenfrequenz verbinden kannst.

Bettina Gronow

Zitate der Seele

Deine tägliche Dosis

Dieses Buch jeden Tag ein Zitat für dich bereit, welches deine Seele berührt, sie wachküsst, öffnet und weitet.